D1671600

Otto Jungmair

Gereimte Ungereimtheiten

Heiteres und Besinnliches

Schriftenreihe des Kammerhofmuseums Bad Aussee
Band 15

Auskünfte und Bestellungen:
Verein der Freunde des Kammerhofmuseums
Postfach 39, 8992 Altaussee

Otto Jungmair

Aquarell von Richard Diller, 1960, 55 x 38,5 cm

Inhaltsverzeichnis

Vorwort

Das Kammerhofmuseum in Bad Aussee legt im Rahmen seiner Schriftenreihe hiemit einen Gedichtband vor, durch den ein mit seiner Heimat Oberösterreich auf das engste verbundener Dichter zu Wort kommt, nämlich der aus Molln gebürtige Otto Jungmair († 1974), der sich überdies auch einen Namen als Stifterforscher gemacht hat. Es ist nun nicht die Aufgabe dieses Vorwortes, auf den Lebensweg Otto Jungmairs einzugehen und seine künstlerischen und wissenschaftlichen Leistungen zu würdigen; diesen Zweck erfüllt sehr anschaulich eine im Anhang des Bandes wiedergegebene Festrede, die der Leiter des Adalbert-Stifter-Institutes des Landes Oberösterreich, Dr. Alois Großschopf, aus Anlaß des 80. Geburtstages von Otto Jungmair 1969 gehalten hat. Das Adalbert-Stifter-Institut, in dessen „Vierteljahresschrift" die Rede zunächst publiziert worden ist, hat freundlicherweise die Genehmigung für den Nachdruck in diesem Buch gewährt, wofür bestens gedankt sei!

Ziel dieser knappgehaltenen einleitenden Worte ist es in erster Linie, das Zustandekommen dieses Gedichtbandes zu beleuchten und jenen Personen den Dank auszusprechen, die sich um sein Erscheinen verdient gemacht haben. Die entscheidende Anregung kam von seiten der Schwiegertochter des Dichters, Frau Prof. Gertraud Jungmair, die den Verfasser dieser Zeilen auf das Vorhandensein einer größeren Zahl von noch unveröffentlichten Gedichten mit zeitkritischem Inhalt im Nachlaß ihres Schwiegervaters aufmerksam gemacht hat. In mehreren Gesprächen brachte Frau Jungmair zum Ausdruck, daß sie es seit jeher als wichtiges Anliegen und Verpflichtung angesehen habe, diese unter dem Titel „Gereimte Ungereimtheiten" zusammengefaßte Gedichtsammlung den Freunden der Dichtkunst Otto Jungmairs auch zugänglich zu machen. Beim Studium des Manuskriptes zeigte es sich, daß diese Gedichte nach wie vor hohe Aktualität besitzen und daß sie geeignet sind, das Gesamtbild von Werk und Persönlichkeit des Dichters abzurunden und zu ergänzen. Gegenstand dieser Dichtungen sind im wesentlichen die geistige Verflachung und der mit dem Materialismus der Wirtschaftswunderjahrzehnte in Verbindung stehende Werteverlust, der Otto Jungmair zweifellos erhebliches Unbehagen bereitete, worunter er wohl auch gelitten hat. Indem er nun dieses Gefühl des Unbehagens in heiter-kritische Dichtung umsetzte, versuchte er, die innere Spannung abzubauen: er „mißbraucht die Poesie zu einer heilsamen Therapie", wie er es in den „Antitoxikationen" selbst formuliert hat.

Dem Vorschlag von Frau Prof. Jungmair, einen Gedichtband „Gereimte Ungereimtheiten" in der Schriftenreihe des Ausseer Kammerhofmuseums erscheinen zu lassen, ist der Museumsverein gerne nachgekommen. Daß er sich dieser Aufgabe unterzogen hat, ist vor allem auch wegen der überaus engen Beziehungen der Familie Jungmair zum steirischen Salzkammergut, im besonderen zu Altaussee, auf die Alois Mayrhuber († 1984) im Zug seiner Untersuchungen über das Ausseerland als Heimat der Dichter und Künstler aufmerksam gemacht hat, sehr wohl begründet („Künstler im Ausseerland", herausgegeben von F. Langer, 1985, S. 177 f.). Den Ausführungen A. Mayrhubers ist zu entnehmen, daß sich die ersten engeren Kontakte Otto Jungmairs mit dem Ausseerland während des 2. Weltkrieges ergeben haben. Jungmair war damals im Rahmen des „Deutschen Volksbildungswerkes" tätig, und in seiner Eigenschaft als „Referent für Volkstum und Brauchtum" lernte er die besonderen „volkskundlichen Werte" dieses Gebietes, das bekanntlich 1938 von der Steiermark losgelöst und dem Gau „Oberdonau" eingegliedert worden war, kennen und schätzen. Seine Studien fanden ihren Niederschlag in einer Abhandlung „Volkskultur und Volkstumsarbeit im Ausseer Landl", die sich durch große Zuneigung zu Land und Leuten auszeichnet. (Erschienen in: E. Kriechbaum, Vom Ausseer Landl. Schriftenreihe des Deutschen Volksbildungswerkes 4, Linz 1944, S. 50–67). Gegen Ende des 2. Weltkrieges, als der Bombenkrieg immer bedrohlichere Formen annahm, faßte die Schwiegertochter Gertraud Jungmair den das weitere Geschick ihrer Familie bestimmenden Entschluß, ihre schwer gefährdete Heimatstadt Linz zu verlassen und mit ihren beiden Kindern, Dieter und Ulrike, in das einigermaßen sichere Altaussee zu übersiedeln, das schließlich zur neuen Heimat für die Familie Jungmair geworden ist.

Einen wesentlichen Beitrag zum Zustandekommen des Gedichtbandes leistete ferner die eben erwähnte Enkelin des Dichters, Frau Dr. Ulrike Jungmair, deren sachkundige Hinweise und Vorschläge für die endgültige Gestaltung des Buches letztlich ausschlaggebend waren. Da alle Lyrikbände Otto Jungmairs schon seit längerem vergriffen sind und doch oft Nachfrage nach seinen Werken besteht, war es naheliegend, eine Auswahl aus seinen schon veröffentlichten Dichtungen in den vorliegenden Band einzubeziehen, und auch diese Aufgabe, eine geeignete Auswahl zu treffen, hat Ulrike Jungmair als gute Kennerin des Werkes ihres Großvaters übernommen. Für die Abdruckgenehmigung aus den Bänden: „Wunden und Wunder", „Stoan und Stern", „Allerhand Kreuzköpf aus'n Landl" und „Legenden in o.ö. Mundart" soll dem Oberösterreichischen Landesverlag an dieser Stelle herzlich gedankt werden.

Bei der Korrektur der Druckbögen hat Prof. Hans Kandolf (Stainach) mitgewirkt, wofür ihm Dank ausgesprochen werden soll. Der Dank gilt ferner dem Bundesministerium für Unterricht und Kunst sowie dem Amt der oberösterreichischen Landesregierung (Kulturabteilung), die die Herausgabe des Buches durch die Gewährung von Druckkostenbeiträgen ermöglicht haben. Finanzielle Unterstützung kam überdies von der Sparkasse Bad Aussee und vom Wechselseitigen Brandschadenversicherungsverein in Bad Aussee, wofür ebenfalls bestens gedankt sei.

Oberlupitsch, im Sommer 1993   Dr. Günter Graf

Gereimte Ungereimtheiten

Heiter-kritische Zeitgedichte

Antitoxikation

Hier mißbraucht ein Dichter die Poesie
Zu einer heilsamen Therapie:
Vom Staub der Straße und ihren Düften
Die eigene Seele auszulüften,
Versucht er mit diesen „giftigen" Schriften
Sich zu entgiften.

Der Dichter

Du klagst, daß dich die Welt vergißt,
Sie gibt dir keine Mittel?
Ei, warte, bis du achtzig bist,
Wenn du noch lebst zu dieser Frist,
Bekommst du – einen Titel!

Der Wissenschaftler

Du gabst dein reiches Geistesgut,
Die Mitwelt zu beglücken.
Doch fragst du, was die Mitwelt tut:
Sie denkt, es lebt sich auch ganz gut
Von warmen Händedrücken.

Das Urheberrecht

Als Christus die Händler aus dem Tempel vertrieben,
Sind – scheint es – doch welche zurück geblieben,
Die fürderhin sich nicht schämten noch scheuten,
Nun geistige Arbeit auszubeuten.

Das Publikum

Das Publikum der heutigen Zeit
Gleicht einer Modedame:
Nicht Schönheit und Persönlichkeit,
Der Mode Ungeist formt das Kleid,
Verführt von der Reklame.

Der Leser

Der Leser fragt vorm Autor nicht
Wes Geists er ist, was kann er?
Die Sensation nur hat Gewicht,
Drum liest er deutsche Bücher nicht,
Er kauft „Amerikaner".

Kalkulation

Der Verleger hat säuberlich kalkuliert,
Daß jedem sein Anteil werd' honoriert:
Dem Setzer und dem Buchbindermeister
Samt Druckerschwärze, Papier und Kleister;
Dem Herrn Direktor und dem Korrektor,
Den Tipmamsellen und – natürlich – dem Lektor,
Dem Maler, der die Bebilderung macht,
Ein jeder wurde dabei bedacht.
Zum Schluß kalkuliert man das Sortiment
Und reserviert dem Vertrieb noch vierzig Prozent.
So hat ein jeder sein Teil genommen;
Da ist auch der Autor bescheiden gekommen;
Doch diesem wird nun entrüstet die Lehre:
Auch du willst noch Geld? Du hast doch – die Ehre!

Unsterblichkeit

„Willst du in meinem Himmel mit mir leben,
So oft du kommst, er soll dir offen sein!"
So lud einst Gott den Dichter zu sich ein,
Nachdem der Erde Anteil er vergeben.
Doch weil nach unsrem irdischen Geschicke
Erst n a c h dem Tod zum Himmel führt die Brücke,
So ward dem Dichter dies Gebot gegeben:
„Du sollst h i e r erst nach deinem Tode leben!"

Analytik

Du schufest dein Werk mit des Herzens Kraft,
Auf daß es zum Herzen spreche;
Doch dann kommt die Sonde der Wissenschaft,
Daß sie es zerlege, zerbreche.

Sie zwängt nun auch dich in ihr Schema ein,
Und wirst du auch nicht befehdet,
So darfst du doch nur Epigone sein,
„Erinnerung" bist du nun nur mehr allein
An den und an jenen, und nichts ist dein!
Dein Eigenstes wird dir zerredet.

Interpretation der Dichtung

Man zieht des Dichters Geist heut ab auf Flaschen –
Der Interpret kaut jeden Bissen vor
Und läßt uns dann als Wiederkäuer naschen –
Vom Urklang dringt kein Wort uns an das Ohr.
Man deutet um, hinein und kommentiert –
Dem Interpreten gilt's vor allen Dingen,
Die eigne Weisheit an den Mann zu bringen –
Bis uns der Kopf von seiner Deutung schwirrt.
Filtriertem Wasser aber fehlet die Erquickung,
Gelahrte Kunst verweigert die Beglückung.
Dein eignes Herz muß dir den Sinn erhellen,
Erlebnis findest du nur an den Quellen,
Die bergfrisch aus dem Born der Dichtung fließen:
Hier kannst du schöpfen, fühlen und genießen!
Greif, ungekränkt von Merker und Gemerk,
Selbst nach des Dichters Werk!

Das Außerordentliche

Das Außerordentliche reizt
Den Dichter, der nach Geltung geizt.
Er klebt sich dann an große Namen
Und Stoffe, die ihm unterkamen,
Wenn auch der große Stoff zumeist
Ihn alsbald aus dem Sattel schmeißt.

Du fragst: Ja, warum strebt er dann
So Außerordentliches an!

Ach Gott! Er kann – es ist zum Lachen –
Was Ordentliches ja nicht machen!

Das „Zeitgemäße"

Der Dichter hat in unsren Tagen
Nur „Zeitgemäßes" auszusagen.
Die Kunst muß – in sich selbst zerspalten –
Mit der zerfetzten Zeit Schritt halten,
Und was voll Ekel wir erleben,
Soll auch das „Kunstwerk" wiedergeben.
Man dichtet drum in unsren Zeiten
Ganz zeitgemäß: Ungereimtheiten,
Denn was im Leben sich nicht reimt,
Wird auch im Kunstwerk nicht geleimt. –
Auch reißt man aus der Zeiten Lauf
Ver-rückte Zeitprobleme auf,
Um deren Lösung das Genie
Sich nicht bemüht, wer wüßt' auch, wie?
So läßt man vor dem Zeitgeschehn
Leser und Hörer ratlos stehn!
Wer wollte sich auch Mühe geben,
Ins Zeitlos-Gült'ge sich zu heben,
Und eh man redet von den Dingen,
Sich selbst in Harmonie zu bringen! –
Drum kann sich – weil sie Maß nicht kennen –
Heut jeder Gimpel „Künstler" nennen!

Namhafte Dichter

Es liegt in unserem heut'gen Wesen
– Mag man drum weinen oder lachen –
Daß mehr sind, die Gedichte machen,
Als Leute, die Gedichte lesen.

Bei ehrgeizsücht'gen Herr'n und Damen
Heißt jedes Stammeln schon Gedicht,
Drum gibt's heut so viel Dichternamen,
Namhafte Dichter aber nicht!

Selbstkritik

Das Herz soll deine Feder führen,
Doch der Verstand muß kontrollieren.
Erziehungskünste bei den Kindern
Wird Affenliebe nur behindern!
So dient auch deinem Werk zum Heile
Nur strenge Selbstkritik und Feile!

Die Schublade

Jede Eingebung, die in die Feder schießt,
Sollst nie du gleich drucken lassen,
Damit dich das Ding dann nicht später verdrießt
Wenn das Brünnlein der Dichtung geläutert fließt.
Was entfloh'n ist, ist nicht mehr zu fassen!
Wohl, freilich, ein stürmischer, junger Most
Mag manchem auch trefflich munden,
Doch hat sich auch mancher nachträglich erbost,
Wenn der Sturm dann in seinen Gedärmen tost,
Statt in Fässern und hinter den Spunden! –
Die Schublade ist ein sehr nützlicher Raum,
Da magst du die Dinge belassen:
Da drinnen ernüchtert sich mancher Traum,
Wird zu Wasser der aufgeblasene Schaum
Und klären sich ordnend die Massen.
Was lange, noch rastend, gelegen hat,
Reift weiter noch spät in Gehirnen,
Es ist um die Weile des Wartens nicht schad',
Die Süße der Reife kommt meist erst spat,
's ist wie mit den weichen Birnen!

Entfremdung

Solang du dein Werk noch im Schreibtisch hast,
Genießt es bei dir oft ein lieber Gast,
Es lebt wie ein Kind dir im Hause.
Doch ist es dann später verlegt und gedruckt
Und hat es der Kritiker flüchtig beguckt,
Bekommt es der Leser zum Schmause.
Dein Kind aber, das du in Schmerzen geboren,
Das hast du dann an die Fremde verloren.

Pegasus einst und jetzt

Pegasus war ein feuriges Roß,
Das stürmend im Flug nach den Sternen schoß;
Da scholl es von Hymnen in festlichen Klängen,
Von Ehre, von Freiheit, von Minnegesängen.
Sein Feuer ertrug da kein hemmendes Zügeln,
Es trug ihn wie Phönix auf flammenden Flügeln.
Hoch über die Kriecher am staubigen Weg
Stürmte das Flügelroß feurig hinweg. –
Heut ist es nun alt schon und müde geworden
Und schielt, freundlich schwänzelnd, nach Titeln und Orden.
Sein Flug ist matt, sein Tritt ist faul,
Ein hungriger, altersschwacher Gaul. –
Drum hat er getan, was so manchem frommt,
Der selbst nur mit Mühe noch weiterkommt:
Er hat sich an seinen Vetter gewandt
Und sich den Amtsschimmel vorgespannt. –

Der Rezensent

Der Rezensent, das ist ein Mann,
Der alles weiß und alles kann.
Du brauchst nur den „Kulturteil" lesen,
Was alles wieder schlecht gewesen!
Was je ein Künstlerherz geboten
An Bildern, Worten oder Noten,
Als Schaffender und Interpret,
– Wenn's auch dem Volk zu Herzen geht –
Das wird von seinem Besserwissen
Von hoher Warte aus zerrissen.
Ja, würde er es anerkennen,
So könnte er's nicht „Kritik" nennen.
Er ist geschützt, der böse Wicht,
Denn Kritik der Kritik gibt es nicht,
Weil auch der Kunst-Papst, wie ihr wißt,
Wie der in Rom unfehlbar ist.
Doch kennst du selbst das Werk genau,
So spürst du: 's fehlt die Überschau!
Er müßt' die Leser, die es spüren,
Zum Kunstwerk, zum Erlebnis führen!
Weil echte Kunst das Herz anspricht,
Genügt auch seine „ratio" nicht;
Es hilft kein Spott ihm und kein Hohn,
Kein Schmökern im Fachlexikon –
Wer alles hämisch persifliert,
Der hat sich auch schon oft blamiert!
Wer alles nur will kritisch kosten,
Der sitzt bald auf verlor'nem Posten –
Wo wär' der Mensch, der alles kann:
Er tut mir leid, der arme Mann!

Die Kritik

Die Kritik brachte manch Gedicht
Und manch Gebild zu Falle,
Denn „eines", sagt man, „schickt sich nicht
– Auch in der Kunst – für alle!"
Entscheidend ist, w e r dich erhob,
W e r dich beehrt mit Tadel:
Oft wird zum Tadel dir ein Lob,
Und Tadel gibt dir Adel!

Im Vorhof

Des Künstlers kritische Pädagogen
Sind die Ästhetiker und Philologen.
Doch weil die nur ü b e r etwas schreiben,
Müssen im V o r h o f des Tempels sie bleiben.

Das Preisgericht

Noch nie hat doch Mehrheit und Demokratie
Uns schöpferisch ein Kunstwerk geboren,
Drum ist auch ein Preisgericht eine Lotterie,
Und das Waisenkind sind die Juroren.

Ein Stoß von Bewerbungen häuft sich am Tisch
Mit Treffern sowohl als auch Nieten;
Der Juror beschnuppert nun rasch Wisch um Wisch,
Ob Könner sich drunter verrieten.

Und schließen auch Chiffren den Kuhhandel aus
Und parteiische Protektionen,
Dem Preisrichter schwirrt's doch im Kopf nur so kraus,
Soll er wirklich den Besten belohnen.

Weil meist er beim Letzten die Ersten vergißt,
– So ergeht's auch den anderen Juroren –
Verwirft er das Gute und prämiert dann den Mist –
Und weil Mehrheit – nach Goethe – doch Unsinn ist,
Wird oft auch ein Unsinn geboren.

„Land der Künste"

Ein Staatspreisträger und bekannter Dichter
Zählt' durch den Vorhang durch schon die Gesichter,
Die auf ihn warteten als Publikum,
Eh er hinaustrat auf das Podium.

Und der Besuch war wahrlich nicht honett:
Nur sechs Besucher saßen im Parkett!
Zwei Männlein und vier Weiblein saßen da
Und harrten treu der „ars poetica".
Doch nein! Zu spät – wie könnt's heut anders sein!
Strömt noch ein Siebter in den Saal herein. –
Der Dichter bat, man möge sich bequemen,
Im Nebenzimmer mit ihm Platz zu nehmen
Am runden Tisch, und tröstete bescheiden:
„Im Geistigen kann nicht die Zahl entscheiden!"
Ja, Österreich ist das Land der Künste, heißt es,
Doch wenig ist gefragt die Kunst des Geistes!

Zum Stadion aber drängen hunderttausend,
Das große Fußballwettspiel zu erleben,
Begeisterungsstürme dröhnen wild aufbrausend,
Geschrei und Jubel, daß die Bänke beben. –
Die Spieler, die den Siegespreis errangen,
Sieht man in Großformat im „Sportteil" prangen.
Die Kassen waren kaum dem Sturm gewachsen:
Hoch triumphiert bei uns heut nur die „Kunst der Haxen"!

Gemixte Kultur

Entwurzelt wird heut unsre Heimatkultur,
In fremden Gewässern wir plantschen.
„Gebildet" dünkt heut sich jener Mensch nur,
Der um Anleihen über den Ozean fuhr,
Um sich mit dem Whisky der „Ami"-Mixtur
Den eigenen Wein zu verpantschen.

Kunstexport

Die Volksmusik mit Tanz und Chor
Wird nun Exportartikel:
Was längst das eigene Volk verlor,
Das jodeln wir dem Ausland vor
Als „potemkinsche" Stückel. –

Das Dichterwort im Äther

Wie selten bringt der Rundfunk ein Gedicht,
Und wenn er's bringt, ach! dann versteht man's nicht!
Wie gute Vortragskunst die Dichtung krönte!
Ja, wenn man heut noch rezitieren könnte!
Im Worte lebt ja schon geheimer Sinn,
Den ihr, es sprechend, sinnvoll deuten solltet –
Wenn ihr doch selbst den Sinn erleben wolltet,
Ihr lenktet Tausende zur Dichtung hin! –
Und auch das Lied ist nicht nur Ton und Klang,
Im Wort lebt's auf beim Flügelschlag der Töne,
Nur Wort und Klang blüh'n auf zu ganzer Schöne,
Doch ihr brilliert nur stimmlich im Gesang!
Soll uns des Liedes ganzer Glanz durchwehn,
Muß man das Wort und auch den Sinn verstehn!
Verpappter Silben tonloses Gesäusel
Bringt auch den bravsten Hörer aus dem Häusel,
Denn wenn Herr Patzig singt und wenn Frau Mumferl spricht,
Zergeht im Äthernebel das Gedicht.

Musikkultur

Wir herrlich weit, ach, brachten wirs nur
Bei uns nun in der Musikkultur!
Um fünf Uhr früh kommt der Rundfunk schon brav
Und jodelt dich volkstümlich aus dem Schlaf.
Beim Ankleiden und bei der Frühtoilette
Klingt Jazz und Schlager und Operette.
Die leiten dich mit ihren Melodien
Zum Arbeitsrhythmus des Tages hin.
Beim Knödeleinschlagen und Fußbadnehmen
Kann die Hausfrau Beethoven und Mozart vernehmen.
Und wieder im Handumdrehn – wie hör ich's gerne!
Tönt atonal rhythmisch Musik der „Moderne".
So hörst du ohne Pause an allen Enden
Aus allen Fenstern, von allen Wänden,
Zu allen Stunden bis in die Nacht
Musik, die der wendige Rundfunk macht:
Und abends um acht Uhr, zur richtigen Frist,
Wenn die Stunde der Stille und Einkehr ist,
Begleitet zur Volksbildung hin die Wendung
Fanfarenmusik zur Reklamesendung.
Musikalisch beschwingt wächst dein Bildungsstreben:
Denn: der, der mehr weiß, hat es leichter im Leben!
So wird unser Dasein an allen Tagen
Von beschwingter Musik umhegt und getragen! –
Da denk ich wohl oft primitiverer Zeiten
Und unserer Väter Rückständigkeiten,
Die ahnten noch nichts von solch technischen Dingen:
Die Ärmsten, sie mußten noch selber singen!

Der Rundfunk

Den Rundfunk hab' ich oft verteidigt,
Auch wenn er unser Ohr beleidigt
Und wenn er gegen unser Fühlen
Versucht, die Nerven aufzuwühlen.
Ich tröstete so manchen dann:
Das Gute bleibt ja doch daran,
Daß man das Radio abdrehn kann.

Der Konzertbesucher

Der bildungsbefliss'ne Herr Ehrenwert,
Mein Nachbar von drüben, war heut' im Konzert.
Doch als ich ihn fragte nach seinem Erleben
Und wie es gewesen und was man gegeben,
Da wußte der Gute darauf nichts zu sagen,
Er mochte kein eigenes Urteil wagen. –
Er muß wohl erst morgen die Zeitung lesen,
Dann kann auch er sagen, wie es gewesen.

Die unfruchtbare Göttin

Die Kräfte des Ewigen gingen verloren,
Die Ehrfurcht verließ das entgötterte Land,
Dafür wurde uns dann die Kritik geboren,
Die fühllos nun urteilt mit kaltem Verstand.
Drum verhüllt auch die Göttin der Kunst stumm ihr Haupt,
Ihrer Fruchtbarkeit und ihrer Kinder beraubt.

„Pflanzerei"

Die alte Volkskultur entschwand,
Zum Jazz heut' Bauern tanzen,
Und was man im Archiv noch fand,
Will man nun von der Stadt aufs Land
Als Treibhauspflanzen pflanzen.

Asphaltkultur

Die Großstadt frißt des Geistes Fruchtbarkeit,
Denn am Asphalt erblühen keine Blumen;
Dem Steingemäuer mangeln Ackerkrumen,
Schmarotzerpflanzen machen sich dort breit.
Das Schöpferische wird steril, und kranke Köpfe
Erfinden nun Homunkulusgeschöpfe,
Die ohne Fleisch und Blut hinvegetieren
In immer neuen Moden und Manieren,
Die sich im ständ'gen Wechsel überstürzen,
Die Menschen in den Nervenkitzel jagen,
Das Noch-nie-Dagewesne an Verrücktem wagen,
Blasiertem Snob die lange Weil' zu kürzen.
Die Sprache selbst wird ein nur dürft'ges Stammeln,
Man hat nicht Zeit, sich innerlich zu sammeln,
In schalem Witzeln stirbt auch der Humor.
Was kranker Intellekt zutage brachte
Und am Kaffeehaustisch bei Nacht erdachte,
Das setzt man Lesern dann und Hörern vor.
Das Ausgefallene wuchert auf dem Pflaster,
Aufreizend wirkt allein nur noch das Laster. –
Man scheut sich, in sein Inneres zu schauen,
Denn aus der eignen Hohlheit grinst das Grauen!

Moderne Kunst

Du willst zur Galerie hingehn,
Die „neue Kunst" dir zu besehn;
Doch bei den Formen, wirr und kraus,
Kennt sich dein Kunstverstand nicht aus.
Du kannst mit den gesunden Sinnen
Den Zugang zu ihr nicht gewinnen.
Du drehst das Unbild rechts und links,
Doch sein Gehalt bleibt eine Sphinx.
Drauf drehst du es noch ganz herum,
Doch du bleibst dumm, das Bild bleibt stumm. –
Vielleicht sollst du dich selbst umdrehn
Und aus dem Kopfstand es besehn!

Laß doch das Rätselraten fahren,
Das Machwerk hält dich nur zum Narren!

Das moderne Genie

Ein Mensch, von Geltungsdrang getrieben,
Dem „Ruhm" bisher versagt geblieben,
Der suchte – in der Selbstsucht Krallen –
Nun vor der Mitwelt aufzufallen.
Und er beschloß, vor andren Sachen
Nun eine neue Uhr zu machen.

Das Handwerk hat er nie gelernt,
Doch war sein Genius weit entfernt
Von Minderwertigkeitskomplexen;
Man weiß ja: Das Genie kann hexen!
Kühn setzt er ein Gehäuse hin,
Zwar war vorläufig noch nichts drin,
Das Kästchen starrte hohl und nackt,
Das Uhrwerk aber blieb abstrakt!

Die läst'gen Räder, Federn, Rollen,
Die dann das Gehwerk bringen sollen,
Die ließ er – traditionsbefreit –
Im kühnen Formwillen beiseit.
Er kündete der Mitwelt dann:
„Seht meine neue Uhr hier an!
Ist auch Wissenschaft exakt,
Die Kunst – das wißt ihr – ist abstrakt!

Ich lös' mich drum vom Hergebrachten,
Drum kann das Handwerk ich verachten!
Ich bleib dem Altgewohnten fern,
Denn meine Uhr hier ist ,modern'!"

Und die Moral von der Geschicht'
In Bildwerk, Tonwerk und Gedicht!
Wer machen will, was er nicht kann,
Hängt kühn das Wort „modern" daran!

Der „seelische Umbruch"

Du wolltest in deinem Künstlerstreben
Das Echte und Gediegene geben
Und hast, solang man das geschätzt,
Auch deine Bilder abgesetzt.

Bis sich der Kunstgeschmack gewandelt,
Der Händler nur „Moderne" handelt,
Der Manager nur das lanciert,
Was letzte Mode hat kreiert. –

Dich warnt ein Freund: „Mit diesen Sachen
Wirst du wohl kein Geschäft mehr machen!
Ich hab' mich drum auch umgestellt,
Und seither hab' ich wieder Geld!" –

Du gehst in dich! Man kann ja eben
Von Ehrlichkeit heut nicht mehr leben;
Drum dich ein „seelischer Umbruch" packt,
Und fröhlich malst auch du abstrakt.

Der Manager

Einst hob der Geist das Werk empor
Und rühmte seinen Meister,
Heut holt Reklame es hervor:
Der Manager „macht" die Geister.
Skandalumwittert thront der „Star"
Hoch über seinen Kollegen –
Er bietet die wuchtenden Buchtungen dar,
Denn dem Manager bringt dies Segen! –
Der Manager setzt sich als fiktive Eins
Vor die aufgeplusterten Nullen,
Mit propagandistischer Technik des Scheins
Die Umwelt einzulullen.
Er schlägt in seichten Gewässern den Schaum
Mit geschwollenen Superlativen:
Doch tief nur im Grunde formt ewigen Traum
Das Echte in schweigenden Tiefen.

Film-Erziehung

Der Jüngling spielt die Nonchalance
Des Filmstars nach im Leben –
Der Modekönigin Elegance
Soll unseren Mädchen letzte Chance
Für fehlende Anmut geben.

Dem Nachwuchs wird auch beigebracht
Beim Morden – Ehebrechen,
Wie man's „perfekt" und richtig macht:
Des Krimifilms Verführungsmacht
Wird Schule der Verbrechen. –

Erfahrung

Wieviel Ratschläge sind in den Wind gesprochen,
Weil niemand Erfahrung vererben kann –
Die Jugend fängt immer von vorne an
Und will sich ihr eigenes Süppchen kochen.
Das bewährte Rezept wird erst anerkannt,
Wenn man sein Mündchen sich hat verbrannt
Oder an Steinen, die uns einst verdrossen,
Aufs neue den Schädel hat wund gestoßen.

Jugend und Alter

Hätt' die Jugend des Alters gereifte Gaben,
Könnt' das Alter das Feuer der Jugend haben,
Dann brauchten sich „Richtungen" nicht befehden,
Man könnte von „Fortschritt" und „Reife" reden.
So aber bleibt es beim alten Spiel:
Was die einen zu wenig, haben die andern zu viel!

Die „man'sche Sucht"

„Höchstes Glück der Erdenkinder
Ist nur die Persönlichkeit!"
So hieß es in der Goethezeit –
Heut achtet man das Eigne minder.
Uns weist die heutige Haltung an
Das unpersönliche Wörtchen „man".
Und Mann und Frau im heutigen Leben
Sind drum der „man'schen Sucht" ergeben.

Die Hausfrau, die zum Markt muß laufen,
Möcht' praktisch gute Schuhe kaufen.
Sie eilt mit halberschöpften Kräften
Und Nerven zu den Fachgeschäften.
Doch überall wird ihr dort kund:
„Man" trägt jetzt spitz, „man" trägt nicht rund,
Und die Begründung hinterher:
„Ja, ‚man' erzeugt die nimmermehr."

Beim Kauf von Kleidern, Möbelstoffen,
Darfst du dir auch nichts andres hoffen;
Das Richt'ge finden, das ist schwer,
„Denn ‚man' bekommt das nimmermehr".
Das „man" beherrscht auch deine Wohnung
Und schaltet gleich dich ohne Schonung.
Nicht in den Modezwang allein,
Ins Leben greift das Wörtchen ein,
Das dich nun zwängt und ständig neckt,
Weil drin das Unpersönliche steckt.
Denn was „man" vorschreibt, das ist gut,
Und schlecht ist stets, was „man" nicht tut.

Der Rundfunk hämmert es dir ein,
„Man" muß beim Fernseh'n täglich sein,
„Man" hört mit lärmgewohnten Nerven
Musik aus hundertlei Konserven.
„Man" muß den neu'sten „Krimi" sehn,
„Man" soll doch auch zur „Party" gehn,
„Man" kann auch nicht von Wohlstand sagen,

Besäße „man" nicht einen Wagen;
Der Lebensstandard schreibt ja vor:
„Man" ist kein Mensch ohne Motor!
Dem Wagen sieht „man's" ja nicht an,
Ob „man" sich das auch leisten kann.
Der Fortschritt ist es, der das heischt!
Merkst du's, wie „man" dein Ich zerfleischt?!

Das Wörtchen „man" schafft eine Norm
Und gibt dem Leben Uniform!
Die Sucht hat viele hundert Namen,
Weh dir, Mensch, fällst du aus dem Rahmen!
Drum siehst du's endlich selber ein:
Du gibst dich auf und fügst dich drein.
Der Teufel hat dich lang versucht,
Nun hast auch du die man'sche Sucht.
Es ist der Weisheit letzter Schluß:
Du mußt so müssen, wie „man" muß.
Man lebt nur recht in unsrer Zeit
Als Konfektionsmensch – ichbefreit!

Der Konjunkturritter

Wer den richtigen Riecher hat mitbekommen,
Ist gut durch den Wirbel des Stromes geschwommen –
Er gondelte schlau von System zu System
Und macht sich's im Schlepptau der andern bequem.
Er brauchte dazu nicht viel Geistesgaben,
Nur durft' er beileib' nicht Charakter haben.

Das Fernsehen

Der große Wurf ist nun gelungen:
Die Technik hat den Geist bezwungen!
Der Nürnberger Trichter sollte das schon,
Doch jetzt bringt's die Television.
Du brauchst nicht lernen, brauchst nicht schreiben,
Und keine Übungen betreiben,
Du brauchst nicht fragen, brauchst nicht denken,
Nur stur den Blick zum Bildschirm lenken,
Denn, was du an „Kultur" brauchst, wird
Dir dort, genußbereit, serviert.
Selbsttätigkeit ist längst veraltet,
Drum wird dein Großhirn abgeschaltet;
Mit brennenden Augen, offenem Mund
Wird dir dann in der nächtigen Stund'
Das, was sich in der Welt ereignet,
Dich sanft berieselnd, zugeeignet. –

Drum decken sich die Ehegatten
Nun ein mit Fernsehapparaten;
Auf Raten wird's ja leicht geschehn –
„Man muß doch mit der Zeit heut' gehn,
Und was sich der dort leisten kann,
Das schaffen wir uns auch noch an!"

Urahne, Mutter, Gatte, Kind,
In dumpfer Stube versammelt sind
Und starren stumm, in düsterem Schweigen
Die Bilder an, die dort sich zeigen.
Hätt' man sich manches auch zu sagen,
Man darf kein störend Wörtchen wagen.
Passiv wächst so dein „Bildungsstreben",
Der Television ergeben. –

Wie wird wohl, denkt da mancher schon,
Die nächste Generation?!

Der „anständige Beruf"

Ich hab einen einst'gen Bekannten getroffen,
Von dem ich nie wagte, gar viel zu erhoffen.
Der ist nach dem Krieg nun ein Schieber gewesen
Und hat sich ein ansehnlich Sümmchen erlesen.
Der sagte mitleidig aus seinem Mercedes
Zu mir armen Schreiber, der nur per pedes:
„Ich hab' auf die Kunst von jeher gepfiffen –
Hättst doch auch einen anständ'gen Beruf ergriffen!"

Der befreite Österreicher

Du wähntest dich nach der Besatzung Last
Nun frei schon von allen Fesseln –
Doch hast du die Zeit doch nicht richtig erfaßt:
Denn solang du jetzt noch kein Parteibuch hast,
Sitzt du immer noch zwischen den Sesseln!

Die drei Anzüge

Weltanschauung und Überzeugung
Unterliegt heut' mannigfacher Beugung.
Drei Anzüge braucht man sozusagen,
Die kann man zweckentsprechend tragen.

Der Ausgehanzug, konventionell im Schnitt,
Salopp leger und auch bequem im Schritt,
Der kleidet dich ansehnlich und gefällig
Und gibt dir gute Form: du wirkst gesellig.

Der Anzug fürs Büro sitzt knapp und streng
Und ist im Brustumfang bedenklich eng;
Doch umso breiter ist dafür der Rücken,
Der muß ertragen viel und oft sich bücken –
Das Inn're braucht ja keine Qualität,
Weil man meist zugeknöpft im Anzug geht.
Man legt kaum Wert auf gutes Material,
Doch hochbedeutsam ist die – Farbenwahl!

Der Hausanzug, ein Schlafrock, ist bequem;
Er paßt zu dir und kleidet angenehm,
Du kannst dich ungehindert drin bewegen
Und, bist du müd', auch auf den Diwan legen,
Denn er verdrückt sich nicht, ist warm und weich,
Drum nimmst du ihn, wenn du nach Haus kommst, gleich
Und streckst und räkelst dich drin: „Gott sei Dank!"
Die andern hängst du wieder in den Schrank.

Der Erfolglose

Das Leben schwindet, Jahr um Jahr verstreicht –
Was hast du an Erfolgen denn erreicht?
Du schaust zurück, und du gestehst beklommen:
Man hat von dir noch kaum Notiz genommen!
Indes um andre Weihrauchwolken wallen,
Bist du der Mitwelt noch nicht aufgefallen. –
Wenn so sich deine Züge trüb umdüstern,
Will ich dir leise in die Ohren flüstern:
Heut' nützen wenig alle Geistesgaben,
Beziehungen mußt du haben!

Der Farblose

Bringst du's zu nichts in deinem Leben
Und stehst du überall daneben,
Dann fehlt die wichtigste der Gaben:
Zur rechten Zeit die richt'ge Farb zu haben!

Die Enttäuschten

Mit gläubiger Begeisterung kommt man nicht weit,
Das haben gar viele erfahren,
Drum gehn sie heut vorsichtig hin durch die Zeit,
Um doch noch ihr Selbst zu bewahren. –
Sie haben genug von Gebraus und Geschrei
Und von Wundern und Sensationen,
Sie trotten mißtrauisch am Leben vorbei
Und scheun die Illusionen!
Doch ohne ein Licht – wenn auch Irrlicht – am Weg
Verdumpft man in ödem Marasmus.
Man legt drum Idole, die trügerisch, weg
Und ergibt sich dafür dem Sarkasmus.

Die Umkehr

Der Weltlauf ist ein Perpendikel
Und schwingt nach den Extremen aus.
Der Menschen zarte Hirnpartikel
Verwirren sich im Schwung und Saus.

Noch gestern waren sie Atheisten
Und trauten nur dem Intellekt,
Heut sind sie wieder gute Christen,
Denn der Verstand zeigt sich defekt.

Das Absolute hat der Glaube,
Die Wissenschaft ist relativ –
Drum zieht man sich die warme Haube
Nun in die Denkerstirne tief.

Man kuschelt in die Offenbarung
Sich wieder wie ins Kissen ein
Und kaut die vorgeschrieb'ne Nahrung,
So hat der Magen keine Pein.

Man schätzt die ruhige Verdauung
Und lebt gesund dabei und still.
Am Sonntag sucht man die Erbauung,
Am Montag tut man, was man will.

Der Konkurrent

Sollte mit schöpferischen Gaben
Dein Gott dich ausgezeichnet haben,
Und hast, was er in dich gelegt,
Du treu und arbeitsam gepflegt,
So könntest du bescheiden denken,
Man müßte dir die Ehre schenken
Und für dein Können und dein Streben
Dir die verdiente Geltung geben. –
Doch hast du – was du nicht bedacht –
Die Rechnung ohne Wirt gemacht:
Denn Eifersucht und Geltungsdrang
Der andern ruhn ja niemals lang.
Du wirst gewarnt, versteckt und leise:
„Verletze ja nicht unsre Kreise!"
Dein Können, das verzeiht man nicht!
Stell untern Scheffel drum dein Licht! –
Denn, weh dir, Mensch, wenn man erkennt,
Du kannst mehr als dein Konkurrent!

Einhelligkeit

Ich habe da jüngst in der Zeitung gelesen,
Man sei im Nationalrat einmal einig gewesen.
Es gab keine Gegner, man hörte kein Schreien
Und stimmte mit „Ja" nur bei allen Parteien.
Was wurde denn da wohl so einig beschlossen
Von den christlichen Schwarzen und roten Genossen?
Das Volk konnt' es dann nur zur Kenntnis nehmen:
Sie erhöhten sich einhellig ihre Tantiemen.
Und weil es in einem ging bei der Session,
Beschloß man auch noch eine Alterspension
Für die ausgesteuerten Volksveteranen
Samt Freifahrt erster Klasse auf allen Bahnen.
Man fand auch nichts Unkorrektes dabei
Und erklärte diese Einkünfte steuerfrei.
Sie, die sonst die Steuern fürs Volk erdacht,
Haben diesmal für sich eine Ausnahme gemacht. –
Und ebenso einig mit wehenden Fahnen
Ziehn wieder zur Wahl wir, wir – Untertanen. –

Gott „Lebensstandard"

Man trollt dahin mit hü! und hott!
Der Lebensstandard ist der Gott!
Das „Über die Verhältnisse leben"
Gehört zum allgemeinen Streben,
Und was die Löhne nicht gestatten,
Das kaufen sorglos wir auf Raten.
Wir hauen kühn über die Schnur:
Wir haben ja die Konjunktur!
Im „süßen Leben" ohne Sorgen
Wer denkt da heute schon an morgen!
Es fällt uns drum beileib' nicht ein,
's könnt' einmal wieder anders sein!
Das Markenschneiden, Erbsenessen,
Das haben wir ja längst vergessen!
Dabei geht ja dem kleinen Mann
Der Vater Staat getrost voran
Im Großtun und im Schuldenmachen:
Es geht uns gut, wir können lachen!
Man läßt die Amortisationen
Den künft'gen Generationen. –
Und während wir uns so befleißen,
Das Geld beim Fenster rauszuschmeißen,
Verspür'n wir's nicht, wie zum Erbarmen
Wir alle innerlich verarmen! –

Die Sexkultur

Die Welt wird blöder mit jedem Tag,
Man weiß nicht, was noch werden mag!
Die Prüderei aus frühen Tagen
Hat ins Extrem nun umgeschlagen:
Der Mode läppische Diktatur
beschert uns nun die „Sexkultur"!

An allen Ecken, allen Enden
Schrei'n Sexplakate von den Wänden,
Sexbomben werden prostituiert
Uns auf die Leinwand projiziert,
Und Teenager und reife Damen
Befleiß'gen sich, sie nachzuahmen;
Es gibt nichts, was der arme Mann
Nicht unverhüllt noch sehen kann, –
Weil mit den zweifelhaften Reizen
Die Weiblichkeiten heut' nicht geizen.

Doch was man ständig präsentiert,
Wird meist dann nicht mehr respektiert,
Die ganze Schau hat keinen Sinn,
Es schaut ja doch kein Mensch mehr hin,
Weil Angebot an Lebendgewicht
Nicht mehr der Nachfrage entspricht.
Ich denk': Soll nicht bei diesem Treiben
Der Phantasie was übrig bleiben,
Die sich's gar oft viel schöner denkt,
Als es die Wirklichkeit dann schenkt!!

Die Ver-ordnung

Im Weltenchaos hauchte einstens Gott
Den Lebensodem durch die Himmelsräume,
Daß Ordnung diesem Weltgewirr entschäume,
Wie es des Schöpfers Lebenssinn gebot. –

Doch hinterher, da schlich behend – o Graus! –
Der Teufel nach mit listiger Gebärde
Und blies sein' Bocksgestank nach unsrer Erde,
Und sieh! da wurde die Verordnung draus!

Gesetz und Herz

Man steckt in einem Netz von Paragraphen,
Wenn man im lauten Leben einmal steht,
Wie um die Herde von geduld'gen Schafen
Der Stacheldraht als strenge Hürde geht.

Daß keiner seines Nächsten Recht verletze,
– Denn jeder ist des andern Feind im Grund –
Bewacht ein Dorngewirr uns der Gesetze
Und bändigt unseren innren Schweinehund.

Was einst des Lebens Schein noch mitgestaltet,
Moral vielleicht und höfliche Konvention,
Ist heute überholt und längst veraltet –
Die Kirchensteuer blieb statt Religion.

Der heut'ge Mensch bedarf der Paragraphen,
Sonst läge mit ihm jedermann im Streit:
Nur weil er scheut die Richter und die Strafen,
Geht er den Pfad noch der Gerechtigkeit.

Die inn're Stimme freilich, die muß schweigen –
Was geht dich auch des Nächsten Schicksal an!
Das Herz darfst du der heut'gen Welt nicht zeigen,
Es bleibt ein unentwickeltes Organ!

Du lernst es im Verkehrsstrom bald begreifen,
– Ob auch ein andrer unters Rad geriet –:
Geh du nur brav schön auf dem Zebrastreifen,
Daß deiner Wenigkeit kein Leid geschieht!

Das Dachstein-Südwandprojekt

Der König Dachstein verhüllt sein Haupt:
Das hätte der Riese doch nie geglaubt,
Daß auch über seine Erhabenheit
In der managersüchtigen, verrückten Zeit,
Die vor der Natur keine Ehrfurcht zeigt,
Der goldbeladene Esel steigt.
Der Amtsschimmel klappt beide Augen zu
Und bringt sein Gewissen zu sanfter Ruh. –
Das Grautier aber, – oh hört, wie's kläfft:
„Geschäft! – Geschäft!" –

Die Europa-Idee

Volksbildung wird heute ganz groß geschrieben,
Der Bildungsdrang unsrer Erwachsenen steigt,
Denn was d i e in den letzten Jahrzehnten getrieben,
Hat sie reichlich noch „ungebildet" gezeigt.

Man versucht es nun mit der Europa-Idee
Im Tausch mit den Weltnationen –
Die Europa-Idee kommt von Übersee,
Wo die „Ur-Europäer", scheint's, wohnen.

Man tastet – und testet nun jede und jeden,
Man konferiert, referiert und diskutiert
Und hofft, daß bei diesem so Um-den-Brei-Reden
Der Kuchen der Wahrheit gebacken wird.

Man tagt in Paris, tagt in London und Rom
– Denn den Deutschen ist noch nicht zu trauen –
Und doch wird den künftigen Europa-Dom
Das Volk der Mitte erbauen! –

Existentialismus

Hinaus geschleudert sollen wir sein
In die Seinsangst eisiger Einsamkeiten,
Den Dämonen verhaftet im Krampf der Zeiten
Und preisgegeben der sinnlosen Pein!
So künden es uns Existentialisten!

Ja, habt ihr in all den vergangenen Jahren
Vom Sinn nichts der ewigen Ordnung erfahren,
Von höherer Planung im Sein und vom Recht?
Ihr armes, entwurzeltes Grüblergeschlecht! –
Und ihr nennt euch Christen!

Um den Frieden

Solang der Waffenfabrikant
Mit Bomben und mit Minen,
Solang Agent und Lieferant
Im Kriegshandwerk verdienen,
So lange kommandiert das Geld
Und seine Macht auf Erden,
So lange wird es in der Welt
Auch nicht mehr Frieden werden. –

Auf Tagungen wird protestiert
mit Abrüstungsprogrammen,
In Sessionen diskutiert
In aller Teufel Namen,
Doch hat die Phrasen man gesagt,
Das Sitzungsgeld erhalten,
Dann wird die Session vertagt,
Und alles bleibt beim alten. –

Das Atom-Zeitmaß

Dem Fortschritt muß heut' alles dienen,
Was gestern neu war, ist heut' alt –
Die Jahre wechseln die Gestalt,
Und wir verwandeln uns mit ihnen.

Man muß schon tüchtig wendig sein
Und darf an Nervenkraft nicht sparen,
Auch nicht beim Augenblick verharren –
Man holt den Fortschritt sonst nicht ein.

Doch geht die Uhr zu toll im Lauf,
Dann schone, Mensch, den alten Prater,
Und schau einmal zum Himmelvater
Und seiner Präzisionsuhr auf.

Soll deine Uhr hier richtig gehen,
Willst du ihr Werk nicht selbst vernichten,
So mußt du sie nach seiner richten:
Du mußt zurück den Zeiger drehn.

Die Rezension

Ihr Rezensenten hochgelahrt,
Ihr Literaten all von Ruf,
Die ihr mit Segen meist gespart,
Wenn ich aus vollem Herzen schuf.

Heut lach' ich eures Urteils gern,
Und was ihr schreibt, beschwert mich nicht,
Bleibt mir mit eurer Kritik fern,
Denn Druckerschwärze ehrt mich nicht.

Ein Lied, ein Liedlein, arm und klein,
Aus freudigem Herzen heut erdacht,
Trug mir die schönste Kritik ein,
Die je ein Dichter heimgebracht.

Sie war nicht lang, die Rezension,
Fürwahr, zu kurz schien sie mir fast,
Vielleicht zu flüchtig auch im Ton,
Unsicher noch in Form gefaßt.

Auch könnte, wenn ich Euer denk,
Wie feurig Ihr die Feder führt
Und manchen Dichtern Weihgeschenk
Damit zu Tode rezensiert.

So könnte meine Rezension
Auch feuriger noch im Ausdruck sein,
Doch echt empfunden war sie schon,
Sie ging mir tief ins Herz hinein.

Es hat die gute Rezension
Die Dichterseele baß erlabt,
Nur hätt' ich gerne auch davon
Noch einen „Sonderdruck" gehabt!

Ihr fragt mich, wo die Kritik ist? –
Ei nun, sie ist nicht von Papier:
Ein Mägdlein – hört – hat mich geküßt,
Geküßt dafür! –

Aus
„Wunden und Wunder"

Das bin nicht ich –

Das bin nicht ich, was aus der Dichtung spricht –
Ein andrer gibt das Wort mir im Gedicht,
Der mir die Feder unbewußt oft führt,
Dem drum – nicht mir – des Dankes Lob gebührt.
Ich fühle ihn im tiefen Wälderschweigen,
In Blumenkelchen, die sich zu mir neigen;
Im Quellenmurmeln hör' ich seine Stimme,
Sie dröhnt gewaltig im Gewittergrimme. –
Wenn Leid und Not mich schicksalhaft umfingen,
Ahnt' ich sein Walten hinter allen Dingen,
Weil sie mich rechtes Maß erkennen lehren
Oft im Entsagenmüssen und Entbehren. –
Es ist ein stetes, weisheitstiefes Tauschen:
Den Stimmen, die euch schweigen, darf ich lauschen.
Ein andrer gibt das Wort mir im Gedicht –
Das bin nicht ich, was aus der Dichtung spricht.

Geleite
(Aus „Die Stimme des Meisters")

Sollst alle Dinge haben,
Als wär'n sie dir geliehn,
Sollst alle Schuld begraben,
Als wär' sie dir verziehn,

Sollst nie dein Herz dran hängen,
Wenn Freude dich umfängt,
Sollst nicht von hinnen drängen,
Wenn dich ein Leid versengt –

Und Freuen, Schuld und Weinen
Wird so dir zum Gebet
Des Herzens zu dem Einen,
Der hinter allem steht.

Abendsegen

Der Abend bringt den Tag zur Ruh',
Auf leisen Sohlen kommt die Nacht –
Nun schließ die müden Augen zu,
Vergiß – wegmüde Seele du –
Was dir der Tag an Not gebracht.

Versöhnend naht ein stiller Gast
Mit Muttermilde deiner Ruh
Und nimmt die schwere Tageslast
Von dir, die du getragen hast
Und schließt die müden Augen zu.

Nun strömt dir milder Friede zu:
Was dir der Tag an Not gebracht,
Wird stille Kraft, wird reife Ruh.
Dein suchend „Ich" hält still sein „Du" –
Auf leisen Sohlen kommt die Nacht –

Ferne Welten

Aug in Aug und Hand in Hand –
Über uns der Sterne Reigen
Und im weiten Abendland
Ewigkeitentiefes Schweigen.

Mütterlich hielt Wald und Feld
Unser ganzes Sein umschlossen,
Unsres Lebens kleine Welt
War im weiten All zerflossen.

Doch aus deinem klaren Blick,
Den die Sterne froh erhellten,
Leuchtete verklärt zurück
Licht und Schönheit ferner Welten.

Abendweg

Gib mir deine liebe Hand –
Still ist der Abend und verschwiegen
Und dämmerblaue Schleier liegen
Schon träumend überm Land.

Ferne Gipfel röten sich,
Leis verklingt es in den Zweigen
Und ein feiervolles Schweigen
Legt sich mild um dich und mich…

In das weite Land hinein
Farbenfrohe Träume gleiten
Und verhaltne Seligkeiten
Schließen unsre Seelen ein.

Kindheitsheimweh

Wollest meine Tage wieder
Füllen mit dem milden Licht,
Das im Klang der Kinderlieder
Heimwehsehnend immer wieder
Meinen grauen Tag durchbricht.

Wollest wieder meinem Leben,
Das an Übermaß erstickt,
Die zufriedene Ruhe geben
Und das stille, reine Streben,
Das die Kinderzeit beglückt.

Was die Jahre mir erwarben,
Die gereifte Zeit gesandt,
Nimm es mir und laß mich darben,
Aber schick' die seligen Farben,
Die das Kinderaug gekannt!

Mutterhände laß mich fühlen,
Mutterhände, liebgeweiht,
Die die heißen Schläfen kühlen –:
Laß dich aus der Erde wühlen
Unschuldsheilige Kinderzeit!

Landfahrers Klage

Auf weiter Fahrt in Not und Glück
Bin ich durchs Land gegangen,
Von allem Schönen blieb ein Stück
An meiner Seele hangen.

Doch was der Tag an Glück gebracht,
An Freude mir beschieden,
Entwindet mir die dunkle Nacht,
Ich finde keinen Frieden. –

Da neid' ich euch das stille Glück
Inmitten von vier Wänden:
Der Abend bringt den Tag zurück
Euch froh mit vollen Händen.

Landfahrers Glück – Landfahrers Hohn:
Was bleibt von Freud' und Schmerzen?
Trägt jeder Weg ein Stück davon
Aus dem zerpflückten Herzen.

Herbstblütentreiben

Der Spätsommer leuchtete fruchtfroh und satt,
Ich ging durch das sonnige Gelände,
Da flog mir ein rosiges Blütenblatt
– Wie ein Seelchen verträumt – in die Hände.

Weit liegt mein blühendes Leben zurück,
Der Sommer ging einsam zu Ende,
Da reichtest du mir mit junggläubigem Blick
Wie ein Lenzblütenkind deine Hände.

Und Strahlen verklärenden Lichtes sind
Mir jäh durch die Seele gegangen,
Mir ist, als hätt' ich ein Blütenkind
Im herbstlichen Land gefangen. –

Ich seh von den Bäumen schon herbstbuntes Laub,
Du rosige Blüten regnen –
Mein Laubwerk fiel sinkend dem Sturme zum Raub,
Um dich wirbt noch wirbelnder Blütenstaub –
Wie konnten wir uns begegnen!

Der Dichter

Binde dich nicht an mein Leben,
Wahre die sehnende Seele:
Über den lauernden Abgrund
Führt nur ein schwankender Steg –

Leuchtende Wolken am Himmel,
Seliger Sang in den Zweigen –
Doch auf der fruchtbaren Erde
Führt mich kein Weg. –

Düstre Nacht

Die Nacht lag schweigend über waldigen Hügeln
Und schaute dunklen Auges auf mich her,
Das Leid mit seinen schweren, schwarzen Flügeln
Streift' meine Stirn, die von Gedanken schwer.

Und drückend legte sich auf meine Seele
Die Not, die dunkle Schatten um mich spann,
Den Würgegriff bereit an meiner Kehle,
Sah sie mich kalt mit starren Augen an.

Und alles Licht versank in stummen Jammer –
Das Herz, das wild mit lautem Pochen schlug,
War dumpf und leer, wie eine dunkle Kammer,
Aus der man weinend einen Toten trug. –

Such den Lichtern nach

Auch in dunklen Tagen
Glimmt ein Fünklein Licht,
Du nur siehst es nicht
Unter Klagen.

Siehst im tränentrüben,
Naßumflorten Blick
Nur dein dumpf' Geschick,
Nicht, was dir verblieben.

Was dir tief im Dunkeln
Auch versank, zerbrach,
Such den Lichtern nach,
Die verborgen funkeln.

Trage sie zusammen,
All' die Fünklein klein
Geben im Verein
Kleine Flammen.

Herbsteinkehr

Nun komm zur Ruh, mein armes Herz,
Und halte wandermüde Rast,
Es streift der Herbst schon allerwärts
Zur Erde nieder Laub und Last.

Ob auch im Herbstland spätes Glück,
Noch sonnentrunken, lodernd flammt,
Zur Erde muß erfüllt zurück,
Was lichtgerufen ihr entstammt.

Es atmet sanft im Blätterfall
Der stete Wellenschlag der Zeit
Und Höh und Tal und Lust und Qual
Muß heim zur dunklen Ewigkeit.

Verwandelnd formt des Bildners Sinn
In Muttertiefen Lust und Schmerz:
Gib fromm dich seinen Händen hin
Und komm zur Ruh, mein armes Herz!

Einer Verstorbenen

Als du mir vom Schicksal wardst entrissen,
Schwand in mir des Lebens Sicherheit;
Ich vertraute nicht dem Glück, nicht dem Gewissen
Und fand keinen Sinn im Gang der Zeit.

Wenn dies blüh'nde, reiche, reine Leben
So auf einmal konnte untergehn,
Wie sollt' ich in meinem ird'schen Streben
Einen Sinn der Dinge noch verstehn? –

Nie hab' ich in irdischem Verlangen
Vor dem Tod gebangt und seiner Macht,
Bin am eitlen Leben nicht gehangen,
Ob es Freude, ob es Leid gebracht.

Aber seit du meinem Sinnenleben
Wardst entrückt – der geistigen Welt gesellt,
Fühl' ich Flügel, die mich aufwärts heben,
Die mich tragen in die and're Welt.

Nun, mit dir im Geistigen geborgen,
Hat mein Leid im Leben wieder Sinn,
Weil ich bis zum Wiedersehensmorgen
Nun daheim in beiden Welten bin.

Nachglanz

Es bleibt von lieben Toten
In dir ein Strahl zurück,
Der will dein banges Leben
Mit stillem Licht umgeben
Und baut an deinem Glück!

Wohin du auch magst wandern,
Er schließt dich bergend ein,
Du stehst in seinem Lichte:
Mit fröhlichem Gesichte
Darfst du Vollender sein!

Acht' auf das stille Leuchten
Und mehre seinen Schein!
Das Strahlen nimmt kein Ende
Und du hältst Herz und Hände
In seinem Lichte rein.

Das Band des Himmels

Alles Leben ist ein Keimen, Blühen,
Wachsen und in reifer Fülle stehn,
Alles Leben ist ein sanft Verglühen,
Welken, Wandeln und Zugrundegehn.

Und es ist auf Erden keine Freude, keine,
Der sich stille Wehmut nicht vermengt,
Ist kein Licht, zu dessen Farbenscheine
Sich das Dunkel nicht der Schatten drängt.

Doch im Dunkel lernen wir das Licht verehren
Und im Leid erkennen wir das Glück –
Leidgeprüft und leidgereift erst kehren
Dankbar wir in tiefres Sein zurück.

Ja, es scheint das Leid in unserem Leben
Wie ein Band zur Lenkung uns gegeben,
Woran uns der Himmel heimlich hält
Und an sich zieht aus dem Drang der Welt.

Einem Dichter

Als ein Gefährdeter bist du hereingestellt
In eine fremde, hast'ge, laute Welt –
Zu wenig und zu viel, so daß du schwankst,
Kam dir als Gabe zu, der du nicht dankst.
Im drängenden Leben stehst du bald allein,
Willst du ein Eigner in der Menge sein;
Halb Narr, halb Kind, in dem geschäft'gen Leben
Der Wirklichkeiten Unbill preisgegeben.
Was trägt dich? Nur ein dunkles, trunknes Ahnen,
Das führt aus innerem Drang dich deine Bahnen
Und formt dein Werk in kaum bewußtem Müssen:
Mit Einsamkeit mußt du die Gnade büßen.
Weh' dir, wenn du dich sonnst an deinen Gaben
Und dich in eitlem Dünkel willst vergraben
Als Unverstand'ner und der Welt ein Feind:
Es würde dir dein armes Herz versteint. –
Wohl dir, wenn dich das Schicksal wachgerüttelt,
Mit Not und Leid erbarmend dich durchschüttelt,
Daß du die Nichtigkeit des Seins erkennst,
Dich opfernd, dann im höheren Ich entbrennst!
Dann fällt der eitle Wahn welk von dir ab –
Was bleibt dereinst an deinem stummen Grab?
Nur was dein Werk an heilendem Wert umschließt,
Der sich in andrer Seele Grund ergießt
Und an das Tiefste ihres Wesens rührt,
Daß sie Gehalt und Macht des Wortes spürt,
Das bleibt! Die Welt, mit der du dich versöhnt,
Reicht dir den Kranz, der deine Stirne krönt. –

Aus
„Narrenkindlein meiner Seele"

Es braucht viel Leid

Es braucht viel Leid, viel Tränen – trübes Klagen,
viel Willenskraft zu tapferem Entsagen,
viel Dankbarkeit auch für die kleinsten Gaben,
wir müssen lernen aufrecht überwinden
und Hoffnungen, die nie Erfüllung finden,
mit Ernst, doch ohne Bitterkeit begraben.
Es muß den lieben weichen Kinderglauben
uns erst ein hartes Lebensschicksal rauben,
und was zerschlagen liegt, muß mit Vertrauen
bescheiden neu i n s i c h die Seele bauen.
Es braucht auf unserm weiten Lebenspfade
viel zähes Suchen und viel Irregehen,
bis wir das heilige kleine Wort verstehen:
das Wörtlein: „Gnade!" –

Begleiter

Das ist ein liebes Licht in meinem Leben,
das mir ein Gott wohl in die Wiege legte,
daß liebe, edle Menschen, lichtbewegte,
mir auf dem Weg ein still' Geleite geben.

Und muß ich einsam in die Wirrnis wandern,
fort, ohne liebe Menschen in der Nähe,
so ist's mir doch ein Herdenvolk, als sähe
ich ihre Lichtlein leuchten vor den andern.

Und wollten mir die Seelenruhe rauben
Die Unrast der geschäftigen Alltagsleute
Ihr Modewerben um ein günstig Heute
Und wollt' es stürzen meinen Lebensglauben. –

Dann fang ich leise bei mir an zu zählen
– Nicht viele sind's, nach denen ich mich sehne,
doch der und die, und die und der und jene
Ich weiß genug an lichten Sonnenstrahlen!

Sie sind mir Kraft und sind mir Menschenglaube:
Es lohnt sich doch und lohnt sich tausendmal,
daß ich um einen solchen Sonnenstrahl
Im Schatten wandere und im Alltagsstaube! –

Und immer wieder wird mir so mein Leben
In allen Stunden lieb und lichtgesegnet,
Weil liebe Menschen mir darin begegnet,
die meiner Seele das Geleite geben.

Du weißt

Du weißt, dort vorne
An deinem Wege
Ist eine Stelle,
Da lauert der Abgrund
Mit düsteren Schatten,
Der Dich verschlingt. –
Und doch mußt Du wandern
Nach vorne, nach vorne,
Mit sehnenden Sinnen
Und nichts an Dir ändern.
Nicht warten, nicht halten,
Nicht wenden die Blicke,
Nicht zögern den Schritt. –

Am See

Es drängen die stürmenden Wellen
Des Sees zu mir an das Land,
Wild jauchzen sie auf und zerschellen
Und fliehen zurück müd' vom Strand –

Was in mir einst leuchtend geworden,
Muß wieder verdunkeln, vergehn,
Es ist wie ein ewiges Morden –
Und ewiges Neuerstehen.

Der Tag sehnt sich einsam zu Ende,
In Nacht verglimmt Glaube und Glück –
Dann tragen mich jubelnde Hände
Ins stürmende Leben zurück.

Und wie ich auch wäge und wähle
Und träume in Wonne und Weh:
Ich werf' meine sehnende Seele
Hinein in den stürmenden See!

Einmal kommt's!

Einmal kommt's auf leisen Wegen
Blütensegen – Sonnensegen –
Mit verträumtem Frageblick
dein Glück!
Dann soll es wie Frühlingswehen
Über deine Seele gehen,
die vergrübelt träumt ins Licht, –
Säum dich nicht!
Willst du über allen Übeln
dich vergrämen und vergrübeln,
faß aufs neue ein Vertrauen:
hilf bauen!
Und bei allem müden Irren
darfst du nicht den Mut verlieren,
kommt's spät oder früh, was frommt's:
Einmal kommt's! –

Aus
„Stoan und Stern"

Die Eltern O. Jungmairs

Stoan und Stern

Wann ih geh nah dá Straßn
Todmüad und vázagt,
Wia oft - ganz válaßn -
Hat's mih einwendi packt,
Als kunnt ih koan' Schriat nimmá
Vüri álloan
Abá olle dö Trümmá:
So vü(l) Stoan, so vü(l) Stoan!

Doh wann ih mih daní
Nebm án Weg leg án Eicht,
Aft siag ih und staun ih,
Wia's glanzt drobm und leucht!
Aft wia dálest schnauf ih
Und grüaß zán liabm Herrn
In sein Himmöreich auffi:
So vü(l) Stern, so vü(l) Stern!

Dá Spatz

A kloaná Spatz, zuatrauli=keck
Tripperlt übá 's Wegerl,
Schaut mih an und fliagt net wegg:
„Kennst mih leicht, mein Vögerl?"

„A bilei, hab net dő Ehr!"
Sagt á mit án' Buckerl.
„Gábátn S' leicht á weng was her?"
Fragn dő liachtn Guckerl.

„Moanst wohl, wegn mein' Buglsag?
Mein, Spatz, da wurdst lachá,
Weil ih net vűl drinná trag -
Lautá leichte Sachá!

's Herz wá(r) voll - dá Sag is láá(r),
Han grad etlá Liadá" - -
„Mein", sagt er, „dő han ih áh,
Dő hat bán üns an iadá!

Ham Sie 's áh net weidá bracht
Nuh bán' Amáwandern?" -
Dáweil á nuh sein Gnixerl macht,
Suacht á schan án andern - - -

Hüat díh!

Wannſt olls vádráht anpackſt,
Gſtatt voaran olls hínt,
Dáß olls, was d' áh toan magſt,
Koan End, koan gſcheíts fíndt, -
Wann dá kalt ís ín Summá,
Jn Wíntá oft hoaß,
Wannſt flenn' mechſt voar Kummá
Und juchzn voar Gſpoaß -
Wannſt renná und ſteígn mechſt
Hoch auffí íns Kar
Und Almbleamerl ſuachſt z'hechſt
Und ſünſt olláloa -
Und wann díh níx z'toan gfreut,
Und tátſt doh olls gern,
Und wannſt gángſt, woaß mía weít,
Oan Stímmerl ebm z'hern,
Oan Stímmerl ebm z'hern
Und zwoa Augerl ebm z'ſegn,
Wannſt voar Herzload freí krank wern
Und hínſterbm tátſt megn:
Aft, Brüaderl feín, hüat díh,
Aft nímm díh ín acht,
Aft hat díh ſo narrát
A Weíbáleut gmacht!

Und ih woa, wia dös is...

Und ih woa, wia dös is,
Dáß halt mir dö kloan Lis,
- Lern ih nuh fo vü(l) kenná,
Wárn f' áh gleih nuh weit fchená -
Dö liabá weit is!

Und ih woa, wia dös kimmt,
Dáß áh mih ollweil ziemt,
Dáß d' Liferl, dö kloani,
Koan' andern áh - moan ih -
Als mih ámal nimmt!

Und ih woa, was aft gfchiaht,
Wann fie 's áhr á fo gfpürt -
Aft wir ih gen kemá,
Wir má gen dö Schneid nehmá,

Schau má um um á Häuferl,
Fang's eini, mein Zeiferl,
Und zfamgheirat wird!
- - Ih woa, was aft gfchiaht - -?!

Z' ſpat kemá!

Vollá Stern is dá Himmö; ih geh bá dá Nacht -
Da fungázt á Sternräuſpern áf vollá Pracht!
„Hiazt wünſch dá was, Bua, wünſch dá's gſchwind, ſei koan Narr!
Haſt ja Wünſch mehr wia gmua, was dá wünſchſt hiazt, wird wahr!"
Abá bis ih mit'n Wünſchn und Zſamroatn fleck, -
Is's ſchan wiedá maurfinſtá, is d' Sternräuſpern wegg!

Dá Gugitzá ſchreit ſein „Gugu" durh'n Wald:
„Hiazt ſchebá mit'n Geld, eh ſein Stimm drinn váhallt!
Suach's außá ſchnell, 's Táſchl, und beutl's und ſchlag,
Aft is dein Not aus und haſt Geld Jahr und Tag!" -
Doh wia's ſchan oft zent, faihlſt ván Sag dö recht Seit',
Und bis dá's dágrablſt, is dá Gugitzá weit! -

A Dirndl han ih gwißt, - o dö wurdút má taugn! -
Mit föſtnbraune Haar und mit rehbraune Augn:
Is dá dö mudlſaubá, da magſt net gmua ſchaun -
Mua(ß) má d' Schneid nehmá, denk ih, dö red ih gen an! -
Doh dáweil ih nuh roat', - o, wia han ih mih ghá(r)bt! -
Siach ih's ſchen toan mit'n Hiaſn, hat's der ſchan dáſchnáppt!

Wia wird's oan' wohl gehn, herts, ám jüngáſtn Tag,
Wann má da ſchan bei Lebmszeit net z'rechtfemá mag!
Wann ſ' zán Auferſtehn blaſn und hebt ſih dá Sturm,
Toant ſih d' Grabhüweln auf, rumplſt áf í dá Gruabm
Und flaubſt umánandá und ſuachſt deine Boan -
Haſt mit'n Putzn und A(b)záhln langmächtí nuh z'toan -
Und haſt ás bánand endling, auweh, mein Bua!:
Is's Weltgricht vábei längſt und 's Himmötoar zua!

D' Schuastárechnung

Sechsmal bin ih gfaihlt umgrennt,
Han dö Steigerl neamá kennt,
Bi(n) in Schlag und Wald umgschloffá,
Han mein Dirnderl ninderscht troffá.
Suach in Almán aus und ein,
Wo mag wohl ihr Kámmerl sein?

Zwoa Paar Schuach und drei Paar Sohln
Muaß ih schan ván Schuastá holn;
Olle han ih z'fetzt und z'gangá
Auf mein' Fensterlweg, den langá,
Bei der Umásteigerei –
O, mein Schatz, du kimmst má teu(r)!

Bei mein' erſchtn Bußl ...

Bei mein' erſchtn Bußl, da hat ſ' gſagt: „Ih ſchrei!"
Doh eh ſ' ſchrein hät kinná, war's ſchan lang vábei.
Bei mein' zweitn Bußl hat ſie's a'gwehrt ſtád
Und ihr hitzigs Gſichtl vo mir weggá dráht.
Bei mein' drittn Bußl hamd nuh d' Augerl blitzt,
Abá voll Válangá hat ſ' ſchan 's Schnáberl gſpitzt.
Hiazt, bán' viertn Bußl habt ſ' ſelm 's Gſichterl her:
„Gib má nuh á Bußerl, Büabl, gib má mehr!"

Bán Fensterln

„Dirnderl, dös wá má recht,
Setzát ih 's durch:
Du bist so gschmah, so grecht,
Dá(ß) ih decht
Fensterln mecht -
Liabt dá mein Bsuach?"

„Eiá, Bua, kan schan sein,
Wird sih schan toan,
Muaßt d' ás halt merká sein,
Wo ih mein
Bett han drein,
Ih schlaf álloan!

Wann heunt dá Man net lacht,
- Finstá muaß 's sein -
Kimmst gegn dá Mittánacht;
Wann neamd wacht,
Gib fein acht!
Laß ih dih ein!

Dáß dih neamd außi schafft,
Hüat dih schen bráv!
Gleih in dá Nachbáschaft
Vadá schlaft,
Muadá schlaft -
Weck má s' net áf!

D' Tür is ebm zuwigloahnt,
Dráh s' um schen gschwind!
Wann s' á weng knárrt und woant
Vadá moant,
Muadá moant,
Es wá dá Wind!"

Dá Wü (l) dling

He, Büabl, was tuaſt denn,
Was ſteigſt denn áfs Dach,
Wann íh eh ſchan herauſt bí
Und 's Fenſterl áfmach!

Nán, Büabl, was treibſt denn,
Wia kimmſt má denn vür,
Was kráulſt denn durchs Fenſterl,
Is eh dánebm d' Tür!

Geh, Büabl, was haſt denn,
Was pumperſt denn um,
Leg d' Stiefeln dert a(b) z'erſcht
Herínn ín dá Stubm!

Hau, Büabl, wia biſt denn,
Geh um á weng fein! –
Du tretáſt oan' d' Tür gleih
Ván' Herzkámmerl ein!

Schnepfnstrich

> „Oculi - da kommen sie
> Lätare - ist der Wahre
> Judica - sind sie auch noch da
> Palmarum - Tralarum."
>
> **Alter Jägerspruch**

Dá Himmö hängt heunt vollá Geign!
Wia frisch in Bámán d' Sáft auffsteign,
So treibt in Menschn 's junge Bluat:
's Fruahjahr moant's heur oanmal z'guat! -
Dá Hánsl streicht stád hin und her
Und specht in Wiesnán kreuz und quer,
Wo net dort bei dö Nachbánbám
Drent 's Liserl kám, sein Liserl kám!
Und drent bán Stadl dort specht sie:
„Oculi - da kommen sie!"

„Dá Wald is grean und steht schan schen,
Kimm, Liserl, wü(ll)st net außi gehn?
In Wald draußt is's so guat und stád,
Koan Unruah gspürst, koan Winderl wáht - -
Am lindn Bodn in truckán Mias,
Wia guat dáß sih dort rastn liaß" - -
's müaßt ja dá Mensch á Holzstock sein!
Schan sánd s' oll zwoa in Gstaudát drein.
's Boschát hat schan Bládln gmua,
Macht hintá eahná 's Türl zua:
„Lätare - ist der Wahre!"

's Liserl steht am Kir(ch)áplatz;
Hiazt hat sie endling áhr án' Schatz!
Stolz tragt s' ihr Köpferl wiar á Frau,
Sunnliachterl blitzn aus ihrn Gschau.
Olls gáb s' ihrn Hánsl hin dáfür,
Er moant's ja so vü(l) treu mit ihr.

Er moant's ja mit ihr so vü(l) guat,
Wia wohl dös tuat, wia wohl dös tuat! - -
Aus wá's und gschegn, wann's anderscht wá -
„Judica - sind f' auch noch da!"

Du heilige Muadá, was is das?
Schan wiedá net bán Zsamválaß!
Hiazt hat f' eahm schan zwoa Briaferl gschriebm
Und wiedá is á weggá bliebm!
Sie wü(ll)'s net glaubm, was d' Leut schan redn,
Er is doh so vü(l) guat oft gwe'n!
Er wird schan kemá, muaß f' halt schaun:
Sie muaß eahm doh ihr Not vátraun! -
So specht f' am Feldweg hin und her,
Dá kecke Hánsl kimmt net mehr! - -
An iads „Wárum" hat fein „Dárum" -
„Pálmárum - Trálárum!"

Dő mua(ß) má mőgn!

Wann ih á Tiſchlá wá -
- Himmőkreuzſákárá! -
Schnitt ih dá d' Brautſach zua,
- Truckás Holz wißt ih gmua -
Gſidl und Bänk für d' Ruah,
Káſtn und Truhán gmua,
Reahmán und Spiagerl áh
Und á kloans Wiagerl áh
Und dázua - ſchreck dih net! -
's zwieſpánni Bett!

Wann ih á Schneidá wá -
- Himmőkreuzſákárá! -
Tát ih mih rántn recht,
Wiar ih dih gwándtn mecht -
- 's ſchenſt Tuach wá nettá grecht,
Odá für dih nuh z'ſchlecht! -
Anmeſſn tát ih dá:
Kloadln und Hemádá,
Jánkerln und Fürtá vű(l),
Habátſt ſchen ſtű(ll).

Wann ih á Badá wá -
- Himmőkreuzſákárá! -
Tát ih dá Pulverln reibm,
Liabstrángln áh váſchreibm!
Műaßáſt in' Betterl bleibm,
Ih tát dá d' Zeit vátreibm.
Mein Schatz, ih pflegát dih,
Hebát dih, legát dih,
Streimlát dih rundum rund:
Schnell wurdſt má gſund!

Wann ih á Pfarrá wá -
- Himmökreuzsákárá! -
Pfiff ih wegn dir ákrát,
Mein Schatz, áfs Zölibát.
Wann ih őn Pabst aft bát',
Moanst, dáß der „Nán" sagn tát?
„Da mua(ß) má gnádi sein",
Sagát á, „zán Ledisein
Is dő z'liab, habts mein' Segn:
Dő mua(ß) má mőgn!" -

Wia stoanigá d' Straßn...

Wia stoanigá d' Straßn,
Wia wohlá tuat d' Ruah,
Und wia oanschichtgá 's Wirtshaus,
Wia liabá kehrst zua.

Wia schwárá dáarbát',
Wia mehr gfreut dih 's Geld,
Und wia seltná dáß s' kimmt,
Schátzst dá d' Freud áf dá Welt.

Wia gröbá dáß s' kocht is,
Wia lángá habt d' Kost,
Und wia hántigá d' Opfl,
Wia schwárá dá Most.

Wia hechá dá Kirchturm,
Wia weidá herst 's Gläut,
Und wia gschámigá 's Dirnderl,
Wia sáligá d' Freud.

96

Duri d' Finſtán

Dáweilſt nuh moanſt, weit ſteht dá d' Tür hiazt offá
Hin in Sunnſchein und ins helle Liacht,
Hat dih ſchan dős gáchi Unglück troffá,
Das váſteckt ſchan lang nebm deiná kriacht.

Af ſchreiſt wüld und Fäuſt machſt wiar á Ráffá,
Der ſih gſchlingi ſeiná Haut dáwehrt,
Als wolltſt nuh őn Schickſal d' Schneid a(b)káffá,
Das dih in dő Grebm halt', feſt und hárt.

Abá, Bua, da muaßt dein Ráffá laſſn,
Weil ſih 's Glück vá dir net zwingá laßt;
Geh ná weidá ſtád dein ſtoanige Straßn
Und nimm ſ' áf, trag ſ' fort, dein ſchwáre Laſt!

Bei dá Nacht kimmt's eiſi in dih krochá,
's wann für dih in Lebm koan Platz mehr wá,
Denn dein Glaubm ans Lebm, der is dá z'brochá,
Und dein Herz, dein láárs, ſchlagt müad und ſchwá.

Doh am Weg hin nah dá ſtoanign Straßn,
Wos d' álloani ſchleppſt dein ſchwáre Laſt,
Gſpürſt d' ás bal: nuh biſt net ganz válaſſn,
Wannſt nur grad in dir dih ſelm nuh haſt!

Schau, wia hintán Pfluag am friſchn Acká
's junge Halmerl aufſticht duri 's Kot,
Wird áh dih in dir dein Guats anpacká
Und dih vúri tauchá aus dá Not!

97

Dá Arbátslofe

Mih ham f' ins Lebm gfetzt und váfluacht,
Mih ham f' váloarn und neamá gfuacht,
Mih ham f' in d' Lehr gebm - ohne Zü(ll).
Mir ham f' zwo Fäuft gebm, dö neamd wü(ll).
Koan Moaftá is, der mir was fchafft,
Koan Baur fragt um mein junge Kraft,
Koan Dirn fchaut um mein hoaße Liab:
Ih fchleich mih umá wiar á Diab,
Der fih fürs Lebm und 's Gfundfein fchamt -
Zán Nixfein und Nixtoan vádammt.

Ih bin á Wiefn ohne Woad,
Ih bin án Acká ohne Troad,
Ih bin á Bufchn ohne Bloam,
A Hund, á ghetztá, ohne Hoam! -
Mein' Heunt fchan voar'n Moring grauft,
's Lebm geht dáhi und ih - fteh draußt.
So lang ih leb, neamd fragt má nah,
Und wann ih fturb, gáng ih neamd a(b).
Lág ih váblichá áf'n Schragn:
"Um oans dert wenigá!" wurdn f' fagn. -

O Hoamát, dös d' koan Brot net haft,
Du Muada, dö ihrn Buam válaßt!
Hergod, wannft lebft, fo hülf dert Du!
Wia lang denn nuh!?

Dá Teufő hat's leicht...

Dá Teufő hat's leicht, doh dá Hergod hat's ſchwá -
Ih wiſſát's net, wann ih koan Bergſteigá wá!
Gen Berí geht's zách, doh gen Tal, da geht's gách,
Dáß leichtling oans, ſchaut's net áf, 's Gnáck ebbá brách.

Zwen Schríat geht's bergan und oan' Schríat rutſcht má zruck,
Durí d' Felſn und d' Schit reißt's dih u(n)danks in' Ruck,
Und wia mehr dáß d' dá mitſchleppſt in Buglſag drein,
Wia mehr muaßt dih plagn, um wia árgá is d' Pein.
Da zoigt's dih nah Tal und dá Steig ziemt dih z'ſteil
Und dá Bergführá ſchwitzt rund und zoigt dih am Seil. - -

So muaß ſih dá Herigod, denk ih má, plagn,
Wann á d' Leut auffizoign wü(ll) und himmőwärts tragn:
Zwoa Schríaterl geht's hinvür und oan' wirft's dih zruck
Und dein Buglſag Sündn reißt dih ollweil in' Ruck! - -
Wia leicht mua(ß) őn Teufő ſein Gſchäft dágegn ſein:
Der páßt - und habt d' Händ áf - und ſelm fallnd ſ' eahm drein!

D' Stoan

Wia stolz und hohmächti
Trutzt dá Berg áf voar dir;
Wia kloan und wia schmächti
Kimmst dá du dágegn vür!

Dö Felswänd und Stoaná,
Dös Trümmát, dö Schit!
Koan' Weg fundst, kunnst moaná,
Koan' Griff und koan' Trit.

Du stehst áf án' Mugl
Weit üntá eahm da –
Er zoagt dá ön Bugl
Und weist dih stolz a(b).

Doh trau dá ná hehá,
Setz dein' Fuaß fest in d' Wänd!
Bán Steign, – wirst ás sehá –:
Dá Stoan gibt dá d' Händ –

Gibt dá d' Händ guat und halt' dih,
Dáß d' net rutschst und net fallst –
Trutzt á z'erscht nuh so gwalti,
Er hülft, weilst eahm gfallst.

Ja d' Stoan, – kunnt's dá scheiná –
Richtnd selm án' Weg he(r):
Sö wernd Stáffeln voar deiná
Und tragnd dih in d' Heh! – –

Schaut's aus, als gáng's nimmá
Bergáf in dein' Lebm:
Pack f' ná an feft, dö Trümmá,
Es muaß án' Weg gebm!

Und bergáf kimmft bán Wandern,
Als hät dih wer ghobm:
Dán - oan' - Stoan - zán - andern:
Af oanmal bift drobm!

Niklo

„Vadá, glaubſt du am Niklo?" fragt mih z'náchſt mein Kloaná.
„Nan natürli!" han i gſagt. „Nan dös wü(l) ih moaná!
Möh ſollt ih denn net dran glaubm?" - „Ja, dá Rechámachá
Sagt, ſie wár net wahr, dö Gſchicht, má müaßt drübá lachá!
's gáb koan' Heilign, der umgeht, grad wia koane Gſpenſtá!"
„Nan und wer legt aftn ein?" - „D' Leut toan's ſelm vür's
      Fenſtá!
Er hät nuh ſein Lebm nix kriagt, ſagt dá Rechámachá,
D' Muadá tát dös Krámpusbácht eh olls ſelbá bachá!"

„Nán, dáß Du ſo u(n)gſchickt biſt, hinz'hern áf dös Scherzn!
Wer da drübá lachá kan, hat koan Liab in Herzn.
Magſt du oan', der dih válaugnt? Muaßt ja ſelbá dengá:
Wannſt net an ſein Wundá glaubſt, tuaſt 'n Heilign krängá!
Nur wer glaubt, den bringt á was, häufti guate Sachá!
Hau, drum hat á ja nix kriagt, ünſá Rechámachá!
Nur wer glaubt, der kriagt dö Freud - laß 'n gehn, den Wáli!
Merk dás, wannſt áh öltá wirſt: 's Glaubm, nur 's Glaubm
      macht ſáli!"

Ob á mih váſteht, mein Bua, ob ás gſpürn wird kinná? -
Altáweis erſcht kimmt má dráf, ſpat erſcht wird más inná.
Wann dein Lebm faſt z'brochá is und dö Wünſch ám End ſánd,
Nachá ſuachſt den Wundern nah, dö má jungi gwehnt ſánd.
Und wia wenigá Heilige, als dá draußtn gegnán,
Wia mehr Wundá findſt in dir, dö dein Daſein ſegnán.
Ollweil legn ſ' dá nuh was ein, wiar ám Nikloſundá,
Wannſt an deine Heilign glaubſt und an eahne Wundá.

          In dá Oanſchicht weite Weg
          Haſt ſchan müaßn machá -
          Kalt is's woarn, dá Newö ſchleicht
          Hintá deiná nachá -
          Ganz álloan ſtehſt, neamd gehſt a(b),
          Biſt frei übázähli -
          Abá 's Lebm ſpült nuh Niklo:
          's Glaubm, ja 's Glaubm macht ſáli!

Tua mit'n Liabstrángl sparn!

Wannst á Liabschaft wü(ll)st wagn,
Dirndl, laß dá z'erscht sagn:
Mach dein' Buam zu koan' Narrn,
Tua mit 'n Liabstrángl sparn!
D' Liab is wía dá Most,
Wann dá Bua nettá kost'
Grad á Gláserl, á zwoa,
Aft kleckst lang, Tag und Jahr. -
Aftn braucht síh níx a(b)
Und er geht dá treu nah.
Net álloan, dá(ß) má kleckt,
Mein, wía guat 's aft áh schmeckt!

Abá gibst eahm gleih mehr,
Stö(ll)st eahm 's Fáßl voll her,
Gibst eahm 's sechtáweis ein,
Wird's 'n bal neamá gfreun.
Wann á z'vü(l) dávan hat,
Aft váwüast ás ná grad,
Schátzt sein' Trunk net bán Haus,
Geht ins Mostkostn aus. - -

Odá schátzát ás wohl,
Nachá sauft á wía toll,
Wía bán Grander dá Stier
Und wird dámísch woaß wía!
Und was bringt á als Tausch
Nachá dír: án' Mordsrausch!
Kopf und Bauh wernd wohl schwá,
Abá 's Herz, dös bleibt láá!

Denk ehzeit dran, was 's kost'
Bá dá Liab, wía bán Most,
Denn erscht z'spat - dort wía da -
Kimmt dá Kadá híntnah! -

Ehstandslehr

Wannst án' Ehstand wü(ll)st wagn,
Nachá, Bua, laß dá sagn:
Schau dá d' Dirn zerscht guat an,
Dáß d' drauf baun kanst und traun. –
Denn 's Gsichtl und d' Gstalt,
Dö váwachsn sih bald, –
Doh is s' einwendi schen,
Aft werds nia vonand gehn!
Betracht d' Muadá, dö alt',
Ob s' dá áh heunt nuh gfallt.
Kemán Kindá á paar,
Aft is d' jung Schenheit gar,
Aft wird 's Dirndl, 's jung, gwiß
Wia ihr Muadá heunt is. –
Schau, wia sá sih dráht
Bá dá Menscherpáráb,
Afn Platz und bán Tanz,
Der vágeht bal, der Glanz!
Schau ihr eini in d' Augn!
Wann dá dö Sternderl taugn,
Nachá derfst ihr schan traun,
Denn da siagst durian.

Aft schau ihr, mein Bua,
Ah bán Arbátn zua,
Wo 's ihr a(b)helfá kan,
Dáß d' ihr 's Haus kanst vátraun;
Wost ihr Kost kanst vátragn,
Denn d' Liab geht áh durh 'n Magn!
Aft ob s' schneidern und náhn
Kan und d' Gröscherl umdráhn,
Denn kan s' frettn und sparn,
Aft werds oll zwoa guat fahrn.
Werds guat fahrn und guat hausn
Und hät sie ebbá Flausn,

Wia d' Weibáleut sánd,
Dáß f' an dír án Eck fánd -
Aft is's lang nuh net fchíah
Richft díh du áh nah íhr -
Denn fáds glückli bánand,
Is áh 's Nahgebm koan Schand.
Schau, du hätft mit dá Zeit
Mit án' Habberl koan Freud,
Mit án' Kátzerl, das fchnurrt
Und dír ollweil fchen tuat.
Hau, á Weib is koan Pflanz
Und ghert net nur zán Tanz,
Is koan Dockerl zán Spüln
Ohne Eignfinn und Wülln.
Doh kan fie álloan bftehn,
Sáds wohl auswendí zwen,
Und váfteift fíh aft koans,
Sáds dert einwendí oans.

Nettá oans la(ß) dá fagn:
Du derfft net gleih vázagn,
Denn gehft z'gách án' Menfch nah,
So fagt f' áh kám gleih „Ja" -.
Drum páß auf auf íhr Red',
Sünftn kriagátft ás net,
Dáß f' díh net gleih váfcheucht:
Sagt s'Menfch „Nán", hoaßt's „Vielleicht",
Sagt's „Vielleicht", aft hoaßt's „Ja" -
Alfo rícht' díh dárnah!

Dö Söchánen fánd á fo -

Schaut dá d' Liab aus dö Augn,
Weil f' dá durchgeht, dein Freud,
Wird's 'n Leutn net lang taugn,
Denn es frißt f' dá gelb Neid.
Dann is 's Dirndl net recht,
Is eahn z'lüfti und z'leicht
Und follt falfch und grundfchlecht
Sein - und foppt dih vielleicht!
Doh ih denk: Ih kenn's doh!
Laß d' Leut redn und bes fchaun:
Dö Söchánen fánd á fo -
Kehr dih net dran!

Wannft was glernt haft in Lebm,
Dáß d' mehr kanft und mehr bift
Wia dá ander dánebm,
Den dá Neid deswegn frißt, -
Dann is olls, was d' tuaft, fchlecht,
Und was d' fagft, olls vákehrt,
Und du wárft eahm erfcht recht,
Hätft áf fein Dummheit ghert.
Laß 'n drefchn 's láá(r) Stroh
Aft und fchau dih net um:
Dö Söchánen fánd á fo -
Scher dih net drum!

Ja, wannft hundertmal triaffft
Schen ins Zü(l) nah dá Reih
Und án oanzigsmal wirfft
Odá fchiaßft dran vábei -
Gnad dá God! Dö ganz Welt
Hängt dá 's Belfermäul an,
Aft is olls, was d' tuaft, gfehlt
Und nix Guats an dir dran!
Hau! Mir wiffn 's ja doh:
Hädn f' nix z'kebln, wurdn f' krank -
Dö Söchánen fánd á fo -
Grimm dih net lang!

Anſá Zeit und ihre Tugádn

D' Sparſamkeit is landaus zogn,
D' Wahrheit ſchlaffá gangá,
D' Gerechtikeit hat ſih váflogn,
Drum kanſt ás net dáglangá.

D' Hilfsbereitſchaft is váſcholln
Und d' Liab is miaſlſüchti;
On Glaubm, den hat dá Teufö gſtohln,
Drum habt koan Schwur mehr richti.

D' Sittſamkeit ſitzt in' Arreſt,
Denn d' Schand hat ſ' ſchuldi gſprochá;
's habt áh dá Ehſtand neamá feſt,
D' Váſprechá wern z'leicht brochá.

D' Demuat hat ſih ganz váloarn,
Dá Hochmuat reckt ön Hals auf. –
Dö ganze Welt is nárriſch woarn!
Geduld! D' Geduld wägt alls auf!

's Dráhbretlgſpül

Was wird dős nuh gebm,
Denk ih oft und ſinnier -:
Mir kimmt dős ganz' Lebm
Wiar á Narrntanz ſchan vűr!
Ollweil is má gfehlt,
Mag má ſein, wia má wű(ll)
Und mih ziemt dő ganz' Welt
Wiar á Dráhbretlgſpű(l).

Sánd dő oan' obmát drobm,
Sánd dő andern ám Hund -
Aft wern dő áffighobm
Und dő andern ſánd drunt.
Sánd dő oan' drinn in Lager,
Ziagn dő andern am Strick -
Wern dő Dickn wiedá mager
Und dő Magern wiedá dick. - -

Und wia ſih dős Dráhnl
Oll Dámlang umdráht,
Műaßáſt toan wiar á Fáhnl,
Wann dá Wind anderſcht wáht.
Wer bán' Wind, bei den ſcharfn,
Koan Wedáfahn is,
Káft ſih beſſá á Larvn
Und habt ſih's voar 's Gfriß!

Ja, wárſt dert der Schelm,
Luagáſt ſcheinheili drein -
Doh du biſt nur du ſelm
Und kanſt anderſcht net ſein!
Drum haſt halt dein Not
Mit dá Zeit, liabá Man:
Für dő Grean' war má z'rot,
Für dő Rotn wiedá z'braun;

Für dö Schwarzn á Nází,
Für dö Nází wiedá z'schwarz -
Ja, 's Dráhbretl dráht síh
Und díh ham s' í dá Boaz!

Und da wárs bal so schlímm,
- Weil íh nínderscht eínpáß -
Dá' íh bá án íadn Reschím
Hintern „Fliagngádá" sáß! - -
Wia 's Vögerl ám Aftl
In koan' Häusl mag sein,
Paß' áh íh in koan Kástl
Und Schlaghäusl ein. - -
Was wird dös nuh gebm!
Roat íh oft und sínnier -:
Stehst denn ollweil dánebm,
Wirst frei selm an dir írr! - -

Da suach íh mein' Stecká,
Leg dö Pehdráhtern an
Und geh bergáf weit weggá,
Wo íh m í h á l l o a n han.
Schau abí áf d' Erd,
Af dö bugláte Welt
Und mír ís, íh wá dert,
Scheint's, net ga so weit gfehlt.
Wia d' Amoaßln kräuln
Druntn d' Leut wunzí um,
's wia dö Käferln umeíln
Mit eahn' gscháfting Brum=Brum.
Und olls zíemt síh, íh moan,
Woaß wia wíchtí und gscheit
Und sö sánd doh so kloan
In der Godsherrlikeit ! - -

Zwischn Laubät und Bloamät
Kräul ih mih eini i d' Erd:
Du heilige Hoamät!
Du västehst mih ja dert!
Du schaust mih so städ
Und so guat an wiar eh
Und du hast dih net dräht,
Wia ih fest äf dir steh.
Du brauchst dih net z'wendn
Und bleibst ollweil echt,
Du haltst mih in Händn
Und dir bin ih recht! –

Mein Rat

Geht leicht dá ander Wind? – –
Dráh nur dein Fáhnl gschwind,
Dáß d' ja dein Glück wahrnimmst
Und wiedá obmauf schwimmst;
Dáß d' ja dein Gschäftl machst
Und dir ins Fäusterl lachst!

Und wann mit dir wer redt,
Häng dá voars Hirn á Brett,
Wart, wia dá ander denkt,
Der dá dő Ehr grad schenkt,
Red, wia dá ander redt,
Hab ja koan Moanung net,
Dáß 's net hoaßt üawlwo,
Du denkást so! –

Und wann s' wo ráffá tánd,
Schau, wo dő mehrán sánd,
Schau, wer dá Stärká is,
Mit den gwingst gwiß!
Schimpft dih wer, duck dih schen,
Gibt's á Gfáhr, druck dih schen,
Wann gleih wen U(n)recht gschiacht,
Steh dá net selm in Liacht!
Wia kámst denn du dázua? –
's gibt ja Leut gmua! – –

Gal ja, so wá(r)'s dá recht,
Wann ih dá ratn mecht?
Ih abá mua(ß) dá sagn:
– Brauchst ás net weidá tragn –
Leg dert án' Kidl an,
Du bist á „Loahn=mih=an",
Olls, nur koan Man!

Wann dá Tod kám ...

Wann's Lebm so dahingeht, wannst's Öltá schan gspürst,
Wannst blind schier und terrisch und letzfüaßád wirst -
Da kanst in dein' Lebm neamá hinvür weit schaun
Und schaust dö Jahr zruck, geht dih áh 's Grußln an.
Dö mehrán, dös d'kennt hast vá hungáhoad her,
Dö sánd schan dáhin und oll Jahr wern's drent mehr.
Und wannst so sinnierst i dá Dustern áf d'Spat,
Kimmt's dá vür, es kunnt' Zeit we(r)n: du denkst áf 'n Tod. -
Ih wár áh net sátzi, eahm net extrá feind,
Wann's net ga z'gách schan sein müaßt, net moaring und heunt -
Es hamd so vü(l) Junge eahn Lebm draußt hergebm,
Da kan wohl áh ünseroans net ewi lebm. -

Drum, wann á gen kám und vámeldát má's End
Und glangát nach mir mit dö knöcherná Händ, -
Aft náhm ih mein Binkerl, das ih kriagt han als Pfand:
„Han ih dert nix váwüast, is olls saubá bonand?
Dáß 's net gar ebbá hoaßt und ih bringát mein Sach,
Wann's zán A(b)rechná wird, üntá Dach net und Fach." -
„Nettá oans" - sagát ih - „Boanlman, bitt ih má aus:
Nimm mih deant, wann's schan sein muaß, álloan net ván Haus!
Was tát denn mein Alte herent aft álloan,
Und was solltát denn ih drent aft ohne ihr toan?! -
Woaßt ás eh: Man und Weib
Sánd oan Seel und oan Leib!
Und so is's áh, wann ih álloan da übri bleib.
Is's sie odá ih -
Gángát's u(n)danks dáhi -
A halbátá Mensch wár aft ih und wá sie!
Und wia má ih denk,
- Denk dert selm nah á weng -:
Mit án' halbátn Leut hädn s' áh drentn koan Freud!
Und aftn - woaßt eh, wia mir Mannáleut sánd -
Ohne „bessáne Hälftn" aft wann ih dort stand':
Für d'Höll ebbá doh z'guat, für 'n Himmö gleich z'schlecht -
Wer woaß, ob dá Petrus mih übáhaupts mecht?! - -

Und bra(t)n z'erſcht in' Fegfeu' nuh? - Nån, du mein Bua!
Dös wá má á ſauberne ewige Ruah! -
Abá kimm ih mit ihr,
Nachá is's net ſo ſchiah,
Dáß ih ebbá z'weng wåg,
Odá faihl' Weg und Steg - :
Mit ihr woaß ih gwiß, dá(ß) ih 's Himmötoar find'
Und álloan geht ſ' net eini, dö laßt mih net hint!
Kennſt eh ihr guats Gſchau und ihr ſo vü(l) liabs Mäul:
Da laßt mih dá Petrus net draußt ſtehn á Weil!" - -
A ſo wurd' ih ſagn und ih bittád 'n ſchen -
Und dá Tod - nuh ſo ſchiach - moan' ih, müaßát's váſtehn.

Dös hätst net toan solln, Himmövadá ...

Zum Tod meiner Kinder:
Arman, † 8. Oktober 1943, Erda, † 3. Oktober 1943

Dös hätst net toan solln, Himmövadá - -
Was brichst in Mai schan 's junge Lebm
Und hast eahn wiar á guatá Vadá
Doh so vül Gabm fürs Lebm mitgebm!

Mein oanzigá Bua, so zukunftfreudi,
Mein blüahfrisch's Dirnderl, liab und fein,
Dö warn für d' Arnt doh nuh net zeidi -
Sag, Vadá, hat das müaßn sein? - -

Du hast wia mit án' schwár'n Hammer,
Der Eisn z'müllt, áfs Herz hergschlagn,
Dáß ih net dengá kan voar Jammer
Und - wia betäubt - net fragn und klagn. - -

Oft schau ih zruck mein Wanderstraßn:
Vü(l) Not und Load, weng Glück und Segn -
Doh han ih - gleih ván' Glück válassn -
Da olleweil nuh „Ja" sagn mögn.

Doh hiazt dástickt mih frei dá Hadá - :
Schau her áf mih - olls kalt und láá(r) -
Dös hätst net toan solln, Himmövadá,
Hiazt wird má 's „Ja" sagn bitterschwá(r)! -

Aus „Allerhand Kreuzköpf aus'n Landl"

Dö bessá Medizín

Ollweil flenn' und ollweil klagn,
Gsichtáschneidn und Loadumtragn
Siacht dá Hergod ga net gern,
Weil eahm d' Leut schan lásti wern.
Ollweil bedln und kunniern,
Ollweil trenzn und sekkiern
Mag dá Hergod gwiß net hern:
Lustige Leut, dö hat á gern.
Trüabsal blasn hat koan' Sinn:
's Lachá is á Medizín!
Da kanst 's Binkerl leichtá tragn
Und brauchst áh koan' Badern plagn.

's Zähntreißn

D' Huabá Stefferl - kennst ás eh
Nuh ván' Garstner Kirchá -,
Dö hat so vü(l) Zähnterlweh;
Ihrn Kopf bind f' ein mit 'n Fürtá,
Dös ganze Gsichtl is vámacht,
Hoch aufgschwolln sánd ihr d' Wángerl -
Schan längst hät f' hin zán' Doktá tracht,
Doh sie fürcht so vü(l) 's Zángerl.

Mit 'n Branntwein 's Ausspüln hat f' probiert
Und olls, was f' sünst anpreisn,
Weil f' nix hald auf dá Welt so für(ch)t,
Als wia dös Zähntausreißn!
Doh endling sagt dá Baur zán' ihr:
„Da gibt's ja do heunt Sachá,
Fahr dert in d' Stadt, ins Atelir
Und laß d'ás schmerzlos machá!"

Da war dá d' Stefferl ganz dáleßt;
Gleih fahrt f' in d' Stadt auf d' Feichtá -
Ja, siagst ás, wannst ás hald vástehst,
Aftnah hast ollsand leichtá! -
Wia f' ankimmt inn, fragt f' nach'n Preis,
Ob f' d' Ausgab derf bewillign;
„Zehn Schilling, hoaßt's, „kost's gwendli Weis
Und schmerzlos kost's zwoanzg Schilling!"

Ja mein, ih muaß, wann's gleih vü(l) kost,
In' sau'rn Apfl beißn -
Denkt f' eahm und sagt aft ganz getrost:
„Nán, bitt schen, schmerzlos reißn!" - -
Wia d' Stefferl aft is ferti gwe'n,
Fragt f' gschreckt, wia f' Geld wü(ll) richtn:
„Ih bitt schen, is dös schmerzlos gwe'n?
Was han ih denn z' entrichtn?"

'n Stefferl sein Vádruß

Dá Stefferl hat á Brüaderl kriagt,
Doh schaut ás an kám, wiar ás siagt;
Mi'n finstern Gschau dráht á sih wegg
Und stö(ll)t sih daní wo ins Eck.

„Schau, Stefferl", sagt d' Frau Godn und lacht,
„Dá liabe God had á Brüaderl bracht!
Schau dás doh an, kumm her, sei nett!" –
„Um á Brüaderl han ih ja net bet't"

Schreit woanádi dá Stefferl drauf,
„A Brüaderl brauch ih net, herts auf!"
Und außi rennt á wieder, z'rütt:
„Ih han 'n doh um á Hutschpferd bitt!"

Dö schwarzn Finger

Ja Sepperl, herst, was hast denn tan,
Schau deine schwarzn Finger an!
Hast Schwarzbör gessn mit dö Händ?
Hast dás mit Schuahwichs so váklent?
Hast leicht á Wagnschmier wo dáwischt
Und dir den Drög áf d' Finger gwischt?
Hast leicht bán' Ofn umágstiert
Und 's Zündtln ebbá gar probiert?
Was hast denn angstö(ll)t, sag má's grad?" -
„Ah!" sagt á, „Schönschreibm ham má ghat!"

Dös is dá was!

„Gal Liserl, herst, dös is dá was,
Am Lehrer is áh nimmá koan Válaß,
Má woaß schan - wann má lerná wollt -
Frei nimmá, was má lerná sollt!
Gal ja, wia is's erscht gestern gwe'n -
Da sagt á: Fünf und fünf is zehn;
Und heunt - grad herst'n wieder redn -
Heunt sagt á, siebm und drei wárn zehn!
Meiná Seel, dös is dá was,
Auf nix is koan Válaß!"

D' Waldstimm

Dá Schneidátaumerl hat sein Kreuz
Mit seiná bissign Altn;
Wann er á Wort sagt, nachá schreit s'
Und er muaß 's Mäul schen haltn.
Mit giftige Glurn schaut s' übárall nah
Als wiar án altá Drachn
Und kritisiert bal dort, bal da,
Er kann ihr nix rechtmachn.
Eahm is's hald, so wias oft geht, gschegn:
Zerscht kanst dein Glück kám fassn
Und uabárings hast ás übásegn -
Du hast sie z' groß wern lassn!
Er hat koan Recht in' oagná Haus
Und is oft kloan vázweifelt,
Zán' liabern roasát á oft aus,
Weil s' ollweil keift und teufelt. -
Drum geht á oanmal in dá Ghoam
Zán' Wald und suacht sein' Fried'n,
Der eahm so lang bei eahm dáhoam
Schan neamámehr is bschied'n.
„O Hergod" schreit á ein in' Wald,
„Wia kimm ih zu mein' Hausrecht?!" -
Da hert á, wia's vo drinn zruckhallt
Zán' eahm her: „Hau s' recht! Hau s' recht!"

124

D' Gríchtsköstn

Dá Fláxn=Hias z' María=Laah,
Der hat bán' Diehmarkt z' Gmundn
On Kerblfuh vá Bödnbah
Bán' Streitn oane zundtn.

Der abá, - denkts eng hiazt dö Gschícht -,
Hat fih án' Doktá gnummá;
Hiazt fitzt dá Fláxn=Hias bán' Grícht,
Geht's fchlecht aus - muaß á brummá.

Und wía dá Ríchtá 's Urtoal fprícht,
- Er muaß'n fchuldí fprechá -
Da muaß dá Hias vo wegn der Gschícht
Nuh hundert Schílling blechá.

Dá Hias, der netzt fih gleih fein' Dám
- Da laßt á fih net fpottn -
Und zahlt, als wann's eahm zweng vürkám,
Zwoa Hundátfchílling=Notn.

Aft gibt á ön Kerblfuh dánebm
Nuhmal á Mordstrum Flafchn:
„Hiatzt brauchts má níx mehr außágebm -
Gehts gleih ín oan' Aufwafchn!"

125

D' Bahnvoarschriftn

Kruzitürkn - Parapli!
Dáß ih eng net kráwutisch bi!
Ih muaß mih ja so sákrisch giftn
Wegn dő Teixlsbahnvorschriftn! -
Wißts, ih hät mih lang schan gfreut,
Dáß ih in dá launign Zeit,
Wia's gern is gegn d' Wintáwochá,
Kunnt á Fahrt i(n) d' Stadt einmachá,
Weil má drinnát i dá Stadt
Doh mehr Antáhaltung hat,
Dáß áh ünsároans was gspürát
Und ván' Bahnbau profentierát. -
Ih han ja selm ünt i dá Ebm
An etlá Gründ für d' Bahn hergebm,
Dáß s' aft dánah auf diese Weise
Legn hamd kinná d' Bahngeleise. -
Nan is recht, ih richt mih zsam
Und geh auf d' Bahn in Gottesnam,
Lős már á Kartn und steig eini,
Vo dá Leitn drobm winkt nuh dő Meine,
Ih wink ihr áh durchs Gugerl zruck,
D' Máschin voaran macht háufti Ruck,
So dáß má d' Aussicht bal váliasn
Und üns án' Sitzplatz suachá müassn. -
Ih leg kommod schen d' Füaß áf d' Bänk
Und denk má: Launlst nuh á weng -
Es is so gschickt olls i den Kobl,
Da sitzt schen warm und fahrst schen nobl!

Kám sitz ih abá so gmüatli da,
Schaut schan.dá Kartnzwická nah
Und schreit: „Héh, abá da mi'n Füaßn,
Weil s' sünst nuh tüchti Straf zahln müassn!
Schauts an den Drőg hiazt auf dá Bänk!
Moants leicht, mir putzn d' Bahn für eng?"
„Nan" sag ih drauf, „dős mua(ß) má wissn,
Deswegn hat's áh koan Loh net grissn!"

126

Und denk má: laſſn gehn, den Kerl!
Aft glang ih um mein Pfeifnrehrl
Und ſteck má ſ' zſam, mein liabe Pfeiffá;
Wer á Raucká is, wird's gleih begreiffá,
Wannſt aufgregt biſt, is's dowö(l)t guat,
Weil nix á ſo beruahign tuat.
Ih klopf má ſ' aus am Dám, ſuach Zündá,
Kent an, hm! ausgezeichnt brinnt á
Mein Pfeifnkopf, döſſel is gwiß,
Dáß 's beſſá Gſtemm weitumá is.
So loahn' ih dort aft in mein' Wingerl,
- Ván' Stö(ll)n drobm ſchmeck ih 's
Schneuztuachbinkerl
Mi'n Jauſnfleiſch - nix geht má a(b),
So lrám ih ſtád ön Wölkerln nah. -

Dáweil, als hät der Kerl án' Ráppl,
Schiaßt á wieder einá mit ſein' Káppl
Und fahrt ganz winni her áf mih,
Dáß ih net ſchlecht dákemmá bi:
„Hiazt woaß ih net, kinnts ös net leſn?
Was ſáds denn ös meh für á Weſn?
Wollts má leicht trutzn üntern Gfriß,
Sechts net, dáß 's Raucká vábotn is?"
„Hiazt muaß ih mih aber dert ſchan giftn",
Sag ih, „mit enge Deanſtvoarſchriftn!
Dáß ebbá dös wen ſchadn kunnt,
Deswegn gáng áh dö Bahn net z' Grund! -
Was wá(r)s, wann d' Stadtleut eináкámán
Mit eahne párfemiertn Dámán?
Gal, denán trauſt dá nixi z'ſagn?
Dös Gſtank, dös legt ſih erſcht am Magn!"
Sag ih eahm zruck, ön Luckánſtechá;
„Váſtehn ſ', da gibt's koan Widáſprechá",
Sagt er, „Sö ſteckán d' Pfeifn ein,
Sünſt wir ih gleih ön Dürſtand ſchrein!" -
Nan, denk ih má, was wüll ih machá,
Ih ſiag's, es kám ſünſt gleih zán' Krachá -
So tet ih hald mein Pfeifferl a(b)
Und ſteck's in d' Stieförehrn dánah. - -

Doh hoamli wurmt's mih iazt, dös Streitn,
Dös Wärtln kan ih eh net leidn
Und sein tuat's so: is má wo fremd,
Tuat's not, dáß má sih anbequemt.
So sitz ih hald wieder schen stád dani -
Abá Teifl, an' Mordsblangá han ih -
Wann eahm schan 's Raucká da net páßt,
Wannst hald á wengerl matschkern tást!
(Dö bodning Pfeiffábládln, dö nässern,
Dö sánd zán' Matschkern weit dö bessern!)
So rám ih má s' hald aus dáweil
Und schoib á Hándderl voll ins Mäul.
Bán' Sutzln aft so nah mein' Blangá,
Kemmán wieder allerhand Gedangá,
Ih schau durchs Fenster d' Gegnd an
Und bin á recht á zfriedná Man. - -

Auf oanmal, sollts dá dös váhoffá,
Steht wieder 's Kobltürl offá
Und er schreit wieder her áf mih,
Dáß ih á boshafts Luadá bi!
„Moants leicht", sagt á, „ös Luadásbau(r)n,
Ös sáds dáhoam bei engerö Saun?
Wia gwehnát oans án söchán Man
A Reinlikeit und Ordnung an!
Hiazt wer ih eahná nix mehr schaffá,
Hiazt laß ih eahná aft bestraffá.
Wia r á ausschaut hiazt, dá ganze Bodn:
Das Ausspürzn ist hier verbodn!
Gehn s' mit, bal má in d' Haltstö(ll) kemán,
Dáß már á Prodikoi aufnehmán!" - -

Hiazt schauts eng so án' Kerl an!
„Ös Surm mit engrá Schnágerlbahn,
Ih scher mih gwiß um engre Muckn,
Sollt ih ön Matschká ebbá schluckn?
Wurd' ebbá d' Bahn wegns Spürzn hi(n)? -
Mir scheint, ös wißts net, wer i bi(n)!
Ih bi dá Moar vá Mágdálená!

Dá Dürſtand muaß míh eh nuh kenná,
Jh han eng doh, wo d' Bahn híazt láft,
Jn voarígn Jahr án' Grund vákáft,
Sünſt kunnts ös da án Schmarrn was machá:
Jh han á Rechtn auf dö Sachá! -
Und überhaupts, wer d' Steuern zahlt
Und eng ollſandá mit dáhalt,
Der wird doh ohne Auſſiwerfn
Da nuh á biſſl ſpürzn derfn!" -

A ſo han íh eahms tüchtí gſagt;
Er aber hat danah níx gfragt
Und wía da Zug ís Oart ís kemá,
Laßt á míh ríchtí gfangá nehmá:
Zwen Wachtern hamd míh árretíert,
Zán' Dürſtand ín d' Kanzleí eíngführt;
Dort han íh aftánah erſcht büaßn
Und etlá Schílling Straf zahln müaſſn.
Net vü(l) hät gfeíhlt, meín Bua, háts Narrn,
Aft wár íh áh nuh eíngſperrt woarn!
Dö Schand aft, wann íh hoam wár kemá,
Dös ganze Anſegn kunnt's oan' nehmá!

Drum, wann ſ' míh fragn dáhoamt ín' Oart,
Wía's gwe'n ís beí dá Eíſnbahnfahrt
Und ob íh wíeder hät án' Blangá,
Aft ſag íh gern: „Já, gſchwínd wá(r)s gangá,
Doh wann's net extrá ſchleuná muaß,
Aft gehn íh künftí líabá z' Fuaß!"

Dö kaltn Füaß

Dá Huabmoar Hias in Adlwang,
Der moant á Zeit schan, er wár krang;
Eahm is hald ollweil kalt in' Füaßn,
Drum hat á hiazt zán' Doktá müaßn. -
Dá Doktá nimmt sein Rehrl her
Und lost'n a(b) dö kreuz und quer,
Er klopft'n a(b) voaran und hintn,
Aft sagt á: „Gfährligs is nix z'findn;
Für 'n Kroasláf muaßt á weng anbrauchá,
Woaßt, 's Herz, dös kan's net guat dátauchá -
Nan und wegns Friasn aft in Füaßn,
Da wirst dá schan selm helfá müaßn.
Schau, wann mih froist, ih han koan Gfrett,
Da legt mein Frau sih zerscht ins Bett
Und wármt má's aus, so guat und schen,
Da kan ih vürgwármt schlaffá gehn. -
So solltást ás du áh probiern,
Wirst segn, da gibt's dánah koan Friern." -
„Jáá", sagt dá Hias, „dös mag schan sein,
Dös geht má wahrli ganz guat ein,
Dös mit dá Frau, dös wá(r) schan gscheit -
Wann hät denn aft d' Frau Doktá Zeit?"

Dá Motorkoller

Ob Auto oder Motorroller,
An iadá kriagt ŏn Motorkoller.
Er moant, dáß e r den Motor hat
Und leidá merkt ás meiſtns z' ſpat,
Dáß e a h m dá Motor hat. -

Er wü(ll) dŏ Straß zur Rennbahn machá,
Eahm kan in' Wettlauf koaná nachá,
Es kan eahm gar net gſchwind gmua gehn:
Wia is dŏs Abáholn ſo ſchen!
Dŏs ſtolze Gfühl, herſt, wann má findt:
Dŏ andern, dŏ bleibm olle hint! - -
Ja, laßts 'n fahrn, áf án iadn Fall
Kimmt á ſo ſchleunigá - ins Spital!

131

In' Fremdnverkehrsort

In' Gmoanrat z' Kröpfing ham f' beschlossn,
- Mä hoffát sih án' Gwing, án' großn -
Dáß má das Doarf, wia's heunt sih ghert,
Zán' Fremdnverkehrsort erklärt. -

Sö hamd olls faubá renowirt,
Ham d' Straßn gschodert, 's Glump weggführt,
Hamd Wegzoagá rundum anbracht
Und etlá neuche Bánkerl gmacht,
Dáß d' Gäft in' Summá, wann f' recht schwitzn
Dort kinnán schen in' Schaddn fitzn. -
Dá Wirt, der is dö Hauptperfon
Ah in dá Fremdn=Kommiffion.

Er hat fein Haus schen abágweißingt
Und fih áh wegns Komfurt befleißingt,
Hat hintn bei dö Heahnákobl
An' Gartn anglegt, schen und nobl,
Hat d' Seffln olle rot láckiert,
Dáß 's gleih dö Fremdn reißn wird. -

Und richti fán, zán' Urlaubnehmá,
An etlá Stadtleut außákemá
Und ham fih bei eahm einquartiert;
Dö Zimmá warn schen ausftáffiert,
Mit Waffáleitung warm und kalt
Und áh r á Bad ham f', wann's oan gfallt.
Doh freili, hat's á Gaft probiert,
Hat's „warme" nia recht funktioniert.
Doh wár's án' Gaft bán' Schlaffá z' kalt,
Da hü(l)ft eahm dö Frau Wirtin bald
Und hat, bevoar dá Gaft fih legt,
An' Ziagl üntá d' Tuchát gfteckt. -
Nan kurz und guat, olls nimmt fih zfam,
Dáß's d' Summágäft recht vurnehm ham. -
Und doh hat fih, fo han ih ghert,
A feiná Summágaft beschwert:
„Nán hern f'", fagt á ön Wirt ins Gficht,

„Ham ſ' keine Záhnſtochá leicht nicht?!
Es wolln ſich doch die Herrn und Dámen
Nah'n Eſſn dás Gebiß ausrámen!"

„Nán", ſagt dá Wirt, „dős hát koan' Sinn,
Ich ſtell auch künftig koan mehr hin,
Weil más dő Gáſt doh ollweil z'beißn
Und nettá wieder weggá ſchmeißn."

's künftge Menschnbü(l)d

An iads wü(ll) heunt án Auto ham
Und koaná mag mehr wandern,
Dö letztn Schilling kratzn f' zfam,
Denn oaná neids den andern.

Sö fegn rundum nix, weil f' wia toll
Durch d' Landfchaft dur(ch)iflitzn
Und wann f' fchan raftn, fául und voll
In' Wirtshaus wieder fitzn.

Wann f' ausfteign, wagln f' hin und her
Und wátfchln f' wia dö Antn,
Denn grad gehn kinnán f' nimmámehr
Zfamt Gáttinnen und Tántn. -

Werds fegn, dáß's nimmá lang anfteht,
Dáß d' Kindá in dá Wiagn -
Weil eahná „Pápá" nimmá g e h t, -
Schan Kümmeráháxln kriagn.

Ja, ebbá kimmt á fo á Held
- Dá Kilometerfreffá! -
Schan künfti a h n e Füaß áf d' Welt -
Nur 's Sitzfleifch, dös wird greßá!

Zeit gnummá!

„Zeit gnummá hoam!" is án uraltá Gruaß,
Wia'n dá Ahnl - God treſt'n - hat kennt,
Da is má nuh gangá, kámod und ſchen z' Fuaß,
Da hat ſih koan Menſch nuh dárennt. -

„Wer ſtád fahrt, kimmt á weit", hamd d' Fuhrleut dort gſagt,
Wann ſ' hin áf dá Straßn hánd gfahrn,
Da ham ſ' mit dá Goaſl áh d' Röſſá net gjagt
Und ſánd ſelm net hirndámiſch woarn.

An iadá hat gwißt, dáß á eh nuh recht kleckt,
Und dáß 's eahm nix eintragt, dös Eiln,
Wia 's heunt oft in Leutn eahn' Hirnkáſtl ſteckt. -
Gehts, toats eng doh liabá dáweiln,

Und ſchauts, wia dá Hergod dö Welt ſchen hat gmacht,
Os rennts voar eng ſelm ja dávan,
Weil án iads heunt woaß wo hin in d' Welt außitracht,
Mit eahm ſelm nix mehr anfangá kan.

A Sünd is dös Gſtr…blát, dös Ghetzád und Griß,
Wia's Modi is woarı in der Zeit -:
Ih woaß oan', páßts áf, der nuh weit gſchwindá is
Und voarn áf dá Straß áf eng beit'! -

Kám kemá - dáhin und kám gwungá - váloarn!
Loſts eini in eng in dá Ghoam:
Ih han nuh koan' gſegn, der ſo glückli wár woarn,
Drum pfüat eng ſchen: „Zeit gnummá hoam!"

Aus
„Legenden in o.ö. Mundart"

Dá Gánkerl
(Eine heitere Teufelsgeschichte)

Werds lachá, was ih hiazt vázöh(l):
Heunt schauts ámal mit mir in d' Hö(ll)!
Guckts eini á weng durch d' Rauchfanglucká,
Doh toats má net z'vü(l) Schwefl schlucká!
Wanns eini schauts, habts d' Nasn zua,
Wann vans dástickát, mir wár's gmua! - - -

On Luzifer sein jüngster Gánkerl,
Dös is án übámüatigá Schlánkerl!
Dö ganze Hö(ll) mecht dran dáziagn,
Doh mein! Net vaná kan áhn biagn;
A Folgn hat's übáhaupts net gebm
Und kriagt á Schläg, aft lacht á ebm.
's is klar, wia sollt's áh anderscht gschegn?
Nix Guats wird der dort drunt kám segn. -

D' Großmuadá vo dö großn Teufeln
Dö is oft nah schan am Dázweifeln,
Weil bei den Nigl nix angreift -
Dá kloane Gánkerl lacht und pfeift,
Als wia r á großá Teufö prahlt á,
Legt d' Händ am Bugl wia r án Altá,
Setzt keck das gspitzte Hüatl auf,
Mi 'n Hahnáfederl hintn drauf,
Nimmt nuh ön Altn sein' Wanderstecká
Und geht in d' Welt: ins Leut=dáschrecká!

Hamd zwoa Váliabte wo álloan
Was Hoamligs und was Wichtigs z' toan,
Wo kám á Dritts ván Netn wá,
Auf oanmal schreit dá Gánkerl: „Tschäh!" -

Und wann ván Wirtshaus spat auf d' Nacht
Oft vaná schwá sein' Hoamweg macht
Und aufpáßt, dáß net 's Weib wird muntá,
Den halt á gách sein Háxl untá

Und wann's den armá Man rund keit,
Aft lacht dá Gánkerl vollá Freud! -

Dö Weibsleut heckt á ganz in' Stü(ll)n
Oll Dámlang mi 'n Dásteckáspü(l)n.
Wann s' ausgehn wolln, schan suachán s' um
Und ollmal faihlt eahn halt á Trum:
A Táschl, á Kámpl, Schloar und Schail
Und sö hädnd eh schan so án Eil! -
Da hert sih doh schan olles auf:
Dá Gánkerl halt' sein Pratzn drauf!
„Teufö, tua dein Pratzn wegg,
Sünst kimmt dá Engl und schlagt dás wegg!"
Doh mein! Dá Engl! Wár schan recht,
Wann ás so gschwind dáfliegerln mecht!
Dá Gánkerl is ja oanmal z' gschwind,
Suachst obm, is's ünt, suachst voarn, is's hint,
Braucht lang oft, bis má's findt. -

Wann's finstá wird, aft huckt á gleih
Zán öftern in dö Staudn hibei -
Bán Kreuzweg nebm án' Schachá drunt,
Dáß seltn oans guat vábei gehn kunnt.
Wann d' Augn herglosn wia r á Gluat
Und wann á erscht nuh brummá tuat,
Da reißt's oan' umi gách ums Eck -
Dö mehrán scheuchn áhn, den Weg -
On Rössern selm stehnt d' Haar ge Ber(g),
Koan Schriattl vüri machán s' mehr,
Wann s' net voar Schreck gleih dani prö(ll)n,
Wia d' Fuhrleut oft vázöh(l)n.

- - - - -

Doh oanmal, wia r ih znáchst han ghert,
Da hat's 'n doh ámal málärt,
Da hat sein Schläu'n doh áh net kleckt
Und eahm und d' ganze Hö(ll) dáschreckt.
Nan und wann d' Leut nuh zuahern wö(ll)n,
Wir ih dö Gschicht vázöh(l)n:

140

In Sunndá war's, wia f' zsammgläut' hamd -
D' Leut warn schan olle drinn in' Amt -
(Dá Gánkerl is in' Freithof gsteckt
Und häd dő Kircháleut gern gschreckt)
Da loft á áf und schaut wia tü(l)ő
Und hert, wia drinn dő Orgl spü(l)t.
Flux übá d' Maur macht á án' Satz
Und schleicht fih übern Kircháplatz
- An Orgl hat á ja nia ghert -
Legt fih bán Kirchátoar auf d' Erd
Und blinzelt bei dá Glumfn ein:
Da fiacht á drinn őn Kerznschein,
Dő goldrán Leuchtá, őn Altar
Und in dő Bänkán d' ganze Pfarr.

A Neugierdsbixn, wia r á is,
Dős muaß á fegn, dős is eahm gwiß!
Und durhi d' Glumfn schlupft á ein - -
Dá Weihrauch macht eahm wohl hübsch Pein
Und beißt 'n in dő Teufősaugn;
- Wia follt der áh án' Teufő taugn! -
Mir wurdn fein' Gruh áh net lobm - -
Flux is á r am Weichbrunnkeftl drobm
Und streckt váwegn fein' langá Hals -
A wengerl nuh - aft fách á alls! -
Da abá bricht dá Deckl ein
Und er liegt z' tiafft in' Weichbrunn drein!
An' Krachá macht's, án' Zischá drauf,
A große Dampfwolkn steigt auf -
Es präfflt, kracht und explodiert,
Als wár á Pulverfaß krepiert
Und Dampf und Dál und Schweflgftank
Válegn den ganzn Kirágang.
Doh wia dá Dál fih hat vázogn,
War áh dá Gánkerl wia váflogn - -

Mein, der is wia r án Ölblitz grennt!
Es hat eahm 's ganze Gftő(ll) vábrennt!
Dős brennt und beißt und jucktn wü(l)ő,

So dáß á ſchreit und gü(ll)t und bü(ll)t,
Wia r á dáhinſátzt übá d' Erd,
Dáß 's terriſch woarn wárts, hätts 'n ghert.
Und endling, bán r á ghoamán Stö(ll)
Schlupft á als wia r á Fuchs in d' Hö(ll). - -
Doh mein, da war's erſcht aus und gſchegn,
Wia d' Teufeln ſo ön Gánkerl ſegn!
Sö huaſchtn, kráhn' und ſpürzn gmua
Und habm ſih ollſand d' Naſn zua,
So ſticht ſ' dá Weichbrunndál in' Hals.
„Du Luadersbua, vágiſſt ja alls!
Wo kimmſt denn du ſchan wiedá her?"
Schreit dámiſch wü(l)d dá Luzifer.
„Ih wir dá 's Hintáleder ſalzn
Mit dein' vádámmtn Umáwalzn!"
Und trotz ſein' Wehdam und ſein' Kirn
Kriagt á nuh tüchti Prügl z' gſpürn -
Bis endling, weil ſ' koan' Atn findtn,
Dö Teufeln in dá Hö(ll) váſchwindtn. -

D' Großmuadá abá nimmt ſih an,
Weil ſ' eh das Tránkerlbrau'n guat kan.
Sie ziagt eahm 's ſtingád Gwándl a(b),
Schaut in dá Giftmiſchkuchl nah
- Und wann ſ' áh krácht bán Weichbrunngſtángl -
Sie richt' á richtigs Höllntrángl:
Aus Schlangenoar und Ratznſchmalz,
Aus Nadernbluat und Schweflſalz,
Aus Mausdreck, dörrte Krotn und Nadern,
Feuchts an nuh mit r á Eſſigladern,
Schneidt Fliagnpilz zſamm und Teuflſchwamm
Und miſcht olls in án' Trachtá zſamm;
Aft würzt ſie's nuh mit etlá Kräutl,
Streicht olls aft auf á Goaßbockháutl
Und legt eahm's übá übers Gſtö(ll):
Dös hü(l)ft gegns Gweichte, wia dá wö(ll)!
Aft ſpannt ſ' voarn Gugerl Strickln auf
Und hängt dös ſtingád Höſerl drauf. -
In' Wingl liegt dáweil dá Gánkerl

Und blaſt ſih dö vábrenntn Pránkerl
Und ghoaßt's dá Alt'n, wann á net lüagt,
Dáß künfti ſo was nímmá gſchiagt. -

A ſo is's gwe'n. Habts leicht án' Zweifö?
Aft fragts 'n ſelm und gehts zán Teufö!
(Wann oaná 's Höllngugerl findt -
Nuh wáchlt 's Höſerl dort in' Wind!)

Bemerkungen zur Mundartausspra che und Schreibweise

A Das helle ‚á' (stád - still, bráv) wurde mit einem Akzent bezeichnet, der in diesem Falle kein Betonungszeichen ist. Das dumpfe ‚a' (Bad, grad, schad) blieb unbezeichnet, ebenso das nasalierte ‚a' vor ‚n', wie in Man - Mann, kan - kann. Das diesem nasalierten ‚a' gleichklingende ‚o' wurde mit ‚a' wiedergegeben (schan - schon, dávan - davon).

Das nasalierte ‚au' vor ‚n' (traun - trauen, baun - bauen) wurde als ‚au' belassen.

Das lange ‚o' vor ‚t' wird wie das dumpfe ‚a' gesprochen (Not, Brot wie hat, grad).

E Das offene ‚e' blieb unbezeichnet (geht, steht, betn). Die früher übliche Verwendung des ‚ö' für geschlossenes ‚e' (Bött - Bett, nöt - nicht) wurde tunlichst vermieden und durch ‚e' ersetzt, denn dieser Mundartlaut ist ein Zwischenlaut zwischen ‚e' und ‚i', den der Mundart= kundige auch in dieser Schreibung richtig lesen wird.

Auch ‚ö' wird wie dieses ‚e' gesprochen in: Vögerl, Gö= scherl, doch wird ‚ö' auch zu offenem ‚e' in: trestn - trösten, dálest - erlöst, mecht - möchte.

Vor ‚n' wird ‚e' nasaliert (gehn, stehn). Um jedoch eine nasalierte Aussprache in dem Worte ‚gwe'n - gewesen (mhd. geweden) zu verhindern, wurde für den entfallen= den Laut ein Apostroph gesetzt.

‚e' vor ‚l' wird zu ‚ö', wobei das ‚l' stumm bleibt (Him= mel - sprich: Himmö, Teufel - Teufö).

J Das ‚i' wird vor ‚l' wie ‚ü' gesprochen, wobei das aus= lautende ‚l' stumm bleibt. (vü[l] - viel, stü[ll] - still, Gspü[l] - Spiel). Das mundartliche ‚ie' wird lautgetreu mit dem Doppellaut ‚ia' wiedergegeben (Liab - Liebe, nia - nie), ebenso bei ‚ü' (Blüah - Blüte, Gmüat - Ge= müt), wobei das ‚ü' wie ‚i' gesprochen wird.

O   Aber das nasalierte und das offene ‚o' wurde bereits bei ‚A' gesprochen.
,o' vor ‚r' klingt wie ‚oar' (voar - vor, Toar - Tor, Zoarn - Zorn).

U   Das mittelhochdeutsche ‚ue' wird lautgetreu mit ‚ua' wiedergegeben (Muadá - Mutter, guat - gut, Huat - Hut).
‚ü' wurde unter ‚i' behandelt.
Alle gerundeten Selbstlaute (ö, ü, eu, äu) werden entrundet zu e, i, ai (Höhe - Heh, Feuer - Faier, Kräuter - Kraidln).

Entfallende sinntragende Laute oder Silben wurden durch einen Apostroph angedeutet. Wo das ‚n' im Auslaut gesprochen wird, ist dies auch durch einen nachfolgenden Apostroph gekennzeichnet (koan - kein, koan' - keinen, mein - mein, mein' - meinen).

Das auslautende ‚ch', das in der Mundart stumm ist, wurde zur Verdeutlichung des Schriftbildes durch ‚h' ersetzt (ih - ich, doh - doch, nah - nach).

Die M i t l a u t e erscheinen in dieser Mundart durchwegs erweicht, so ist Traum wie Dråm, krank wie grang zu sprechen, ausgenommen ‚K' vor einem Selbstlaut: Kind, Köpferl, Kerl.

anfriemá – bestellen, ansagen
anschlagn – durch Läuten ein
  Feuer anzeigen
außigrasn – Seitensprünge
  machen
austendiert – ausgehandelt

Ba(rr)n – Futterbarren
Batzn – Stockhiebe
beidn – warten, zuwarten
Blangá – Verlangen, Begierde
blangt – verlangt, ersehnt
Bleamlate's – das Geblümte
blechá – zahlen
Buamanzügl – Knabenanzug
Burd d' – die Bürde

dási – zaghaft, nieder=
  geschlagen
Denlwer(k) – lästiges Zeug

ebbá – etwa, vielleicht
eh – ohnehin
ehntáweis – in früherer Zeit
ehwenn – ehe daß
entraut – vermutet
Enztrum Huaschtá – sehr
  starker Hustenausbruch

Fotzn – Ohrfeige
fretten – sparsam wirtschaften
friasn, froisn – frieren
Fürdá – Vortuch, Schürze

Garm – schlechtes Fahrzeug
Gfrett – Hindernis,
  Schwierigkeit
gheigt – Heu geerntet
Ghirnt – Gehörn, Krickel
Glándá – Geländer
Glegnát – Gelegenheit

gleim – nahe
Glumpát – Gelumpe, wert=
  loses Zeug
Glurn d' – die Augen, böser
  Blick
gmua – genug
gránnt – abgerackert, bemüht
grabln – lässig arbeiten
Grander – Brunnentrog
Grâßt, Gráßád – Reisig
gráwln – dämmern
grehrt – geklagt, geweint
Grein' das – das Geschimpfe
Gstándarná – Gendarmen
Gugerl – Guckloch, Fenster
gwándtn – ankleiden
Gwehnát – Gewohnheit

hallátzn – hallen, laut schallen
hechtn – hasten, überstürzen

kennt'an – zündet an
kiefln – beißen, nagen
Kirdá – Kirchtag, Jahrmarkt
klecká – ausreichen, das
  Auslangen finden
Kletznbrot – Früchtebrot
Klöpfö – Klopfvorrichtung
  an der Tür
Knittl – Knüppel, Prügel
kráwutisch – zornig,
  aufgebracht
Kráxn – Traggestell, Tragkorb
Kümmeráháxln – verkümmerte
  Füße
kunnieren – belästigen

launi, launig – ruhig, ohne
  Arbeitshast
launln – ausruhen

matschkern – Tabak kauen
möh – warum

nachigsempert - nachgeklagt,
nachgeweint
nettá - nur
nindáfcht - nirgends
Noagerl á - eine Kleinigkeit

Oart - Ort, Ende
Ordá - Dienstag

pempern - unregelmäßiges
Anfchlagen der Glocken
Pfoad - Pfaid, Hemd
pfugátzn - verstohlen lachen,
kichern
Plárát - Geplärre, Gefchrei

rándig - felten, koftbar
ránnt'n - aufregen, anftrengen
Ruck - Rauch

fempern - klagen
Spuckládl - Spucknapf
Surm - blöder Menfch

Schámpá - Rock, Jacke
fchlaun laffn - fich beeilen
fchleuná - eilen
Schloapfá - Hausfchuhe,
Holzfchuhe
fchnö(ll)n - fchnellen
Schnöpferl á - eine Brife
Schnupftábak

ftráht'n - wirft ihn um
ftrewán - ftrohern
ftrittn - ftöbern, durchfuchen

Tfchablá - Ruck, fchnelle
Bewegung

uabárings - unverfehens
üawl - manchmal
umgláát - umgeleert
Untámifchl - Zwifchenjaufe

váklent - verpickt, verfchmiert
vámaltát - verftopft,
vermauert

winni - wütend
woa, ih woa - ich weiß nicht
woltá - fehr

zahná - argwönifch fchauen
zárrn - zerren, fchleppen
zauná - zürnen
zená - feckieren, Hinderniffe
machen
Zenkntrum - Zentnergewicht
ziemt - fcheint, erfcheint
znüacht - fchwach, fchmächtig
Zögá - Tragkorb

Alois Großschopf
Prof. Otto Jungmair zum 80. Geburtstag am 6. April 1969

Wenn ein Mensch in voller geistiger Frische und Schaffenskraft seinen 80. Geburtstag feiern kann, so ist dies allein schon eine große Gnade. Es stünde ihm zu, nach einem so arbeitsreichen Leben seine Tage der Rückschau zu widmen auf das, was ihm das Schicksal angetan und was das Leben eingebracht hat. Prof. Otto Jungmair, den wir heute ehren und dem wir auch Dank sagen wollen für alles, was er für seine Heimat getan hat, denkt nicht daran, die Hände in den Schoß zu legen. Er arbeitet mit unvermindertem Eifer weiter, und es ist nicht das kleinste seiner Werke, das er soeben vollendet.

Es gilt heute, den Menschen, den Künstler und den Wissenschafter Jungmair darzustellen, so wie das eine in das andere übergreift und wie es einander bedingt. Unser Jubilar wurde an 6. April 1889 in Molln im Steyrtal geboren. Sein Vater war Oberförster beim Grafen Lamberg, dessen Herrschaftsverwaltung in Steyr lag. Es war eine gastliche Stätte, dieses Forsthaus zu Molln, und der aufgeweckte Knabe kam in dem befriedeten Elternhaus frühzeitig mit den Musen in Berührung. Sein Großonkel war der bekannte Mundartdichter Rudolf Jungmair, dessen Werke in drei Bänden gedruckt vorliegen. Als Statthaltereibeamter in Vöcklabruck, wo dieser im Rahmen eines musischen Kreises seine Dichtungen vortrug, kam Rudolf Jungmair auch mit Franz Stelzhamer und sogar mit Adalbert Stifter zusammen. So wurden allein schon durch die Verwandtschaft erste Fäden späterer Geistigkeit in Dichtung und Forschung gesponnen. Dieser Rudolf Jungmair war eng befreundet mit dem Traunviertler Mundartdichter Anton Schosser, der als Geometer in der Bergwelt um den Traunsee Vermessungen durchführte. Der Arzt und Mundartdichter Josef Moser aus Klaus war häufig ein gern gesehener Gast im Vaterhause unseres Jubilars. Schon als Volksschüler las Otto Jungmair die damals erschienenen Mundartbände „Aus der Hoamat" mit größtem Eifer. Dieses Sammelwerk vereinigte die Dichtungen der Großen unserer Mundartkünstler. Was Wunder, daß der empfängliche Junge schon bald auch selbst zu eigenen Dichtungen angeregt wurde.

Es war eine reiche, glückliche Kindheit an der Seite von sechs Geschwistern mit einem patriarchalischen, aber grundgütigen Vater und einer Mutter, die Jungmair selbst mit der Mutter Stifters vergleicht, von der dieser sagt: „Meine herrliche Mutter, ein unergründlicher See von Liebe hat den Sonnenschein ihres Herzens über manchen Teil meiner Schriften geworfen."

Festrede, gehalten am 10. April 1969 im Rahmen einer Feierstunde des Stelzhamerbundes im Festsaal der Handelskammer zu Linz. Erschienen in: Vierteljahresschrift. Adalbert-Stifter-Institut des Landes Oberösterreich. XIX, Folge 1/2, Linz 1970, S. 5–10.

Zu dem musischen Umgang in der elterlichen und verwandtschaftlichen Umgebung kam das große Naturerlebnis im Kreise der Forstleute, der Jäger und der Bauern, an deren Seite er in täglichem Verkehr die Wälder, Berge, Felder und den noch ursprünglichen Reichtum der Natur seiner schönen Heimat kennen und lieben lernte. Den Menschen seiner Heimat schaute er dabei fest auf den Mund und tief in die Seele. Er lernte die „Sinnierer" kennen mit ihrer bäuerlichen Lebensweisheit und Naturfrömmigkeit, wie er sie später oft in seinen Dichtungen schilderte.

Hervorragende Lehrer an der Mittelschule in Steyr taten das ihre zur Vertiefung des Wissens, zur Erweiterung des Gesichtskreises, zur Ordnung im Denken. Seinem Steyrer Deutschlehrer verdankt Jungmair die Liebe zum Mittelhochdeutschen, die ihn nie mehr verließ und die in den späteren Nachdichtungen ihren reichen künstlerischen Niederschlag fand. Auch sein Lehrer in den realen Fächern, Gregor Goldbacher, lebt als Heimatforscher und Dichter in der oberösterreichischen Mundartdichtung fort. Jungmair kam später im Steyrer Volksbildungsverein, dem sein Vater vorstand, auch mit dem Mundartdichter Franz Hönig, der in Kremsmünster als Bürgermeister und Kupferschmied wirkte, in Verbindung.

Eine Böhmerwaldwanderung erweckte schon in dem jungen Realschüler die Liebe zu Stifters Heimat und zu dem Dichter selbst. Am 26. August 1906 fand auf dem Gutwasserberg in Oberplan die Enthüllung des Stifter-Denkmales statt, bei der der berühmte Prager Germanist August Sauer die Gedenkrede hielt. Dabei fand die erste Begegnung Jungmairs mit dem Stifterbiographen Alois Raimund Hein aus Wien statt. Der 17jährige Jungmair ahnte damals aber noch nicht, daß er Heins Stifter-Biographie mehr als vier Jahrzehnte später in einer zweiten Auflage erweitern, erläutern und auf den neuesten Stand der Forschung bringen sollte.

Es ist unmöglich, heute in diesem Rahmen alle Bekanntschaften, Freundschaften und Verbindungen mit Männern des Geistes und mit Institutionen aufzuzählen, die Jungmair in seiner großen Aufgeschlossenheit nach seiner Matura in Steyr und später anknüpfte, verwertete und denen er selbst sein bereits reiches Wissen weitergab. So wollen wir zunächst in der Folge versuchen, das weite Feld seiner Leistungen auf den Gebieten der Mundart- und der hochdeutschen Dichtung, der Stifter-, der volks- und heimatkundlichen Forschung, der umfassenden Tätigkeit als Kulturschriftsteller abzustecken, um es in gestraffter Form wenigstens einigermaßen in den Griff zu bekommen.

Hatte Jungmair schon als Volksschüler das erste Schöpferglück ausgekostet, als sein hochdeutsches Gedicht „Vögleins Bitte", von dem Komponisten Josef Brauneis vertont, in der Mollner Volksschule gesungen wurde, so durfte er als Schüler der sechsten Klasse der Realschule in Steyr in den Münchener „Meggendorfer

Fliegenden Blättern" sein erstes gedrucktes Gedicht sehen, dessen beträchtliches Honorar ihm eine Ferienwanderung zum Bodensee und durch den Hegau und Schwarzwald ermöglichte.

Volle neun Jahre war Jungmair als Bankbeamter in Steyr tätig. Es war eine Zeit, in der er außerdienstlich eine reiche Tätigkeit, vor allem auf dem Gebiete der Volksbildung und Schutzvereinstätigkeit, weit über Steyr hinaus, entfaltete. In Steyr selbst leitete er mit wachsendem Erfolg eine große Volksbücherei und baute darin eine Arbeiter- und Jugendbücherei aus.

Hatte er mit Peter Rosegger in der Aktion zur Unterstützung deutscher Schulen in gemischtsprachigen Gebieten schon einen Briefwechsel gepflogen, so lernte er den Dichter der grünen Mark in Steyr anläßlich einer von ihm vermittelten Lesung auch persönlich kennen. Diese rege Verbindung hielt bis zum Tode Roseggers an.

Schon im Jahre 1910 war Jungmair in dem Sammelband „Hoamatgsang" unüberhörbar als Dichter eigener Prägung hervorgetreten. Durch den Kreis um Rosegger kam es zu freundschaftlichen Verbindungen mit dem Dichter Franz Keim und dem Priesterdichter Ottokar Kernstock. Er wurde so auch ständiger Mitarbeiter der später von Hans Ludwig Rosegger, dem Sohn des Dichters, geleiteten Zeitschrift „Heimgarten"; seine Arbeiten finden wir aber auch schon in den „Alpenländischen Monatsheften" in Graz und im „Getreuen Eckhart" in Wien.

Nach dem ersten Weltkrieg wirkte Jungmair als Bankbeamter in Linz. Hier gab es Begegnungen in Fülle, vor allem aber mit dem Dichter Paul Ernst, der ihm sein „Kaiserbuch" widmete.

Die Arbeit im Dienste des Nächsten entspricht Jungmairs Wesen, das schon im heimatlichen Forsthaus, später im Elternhaus in Steyr, wohin der Vater in eine leitende Stellung versetzt worden war, geprägt wurde.

Es ist nicht von ungefähr, daß Jungmair so frühzeitig zu Stifter fand und zu Rosegger. Was ihn an beiden ansprach und einen inneren Gleichklang herstellte, kann in zwei Aussprüchen der beiden Dichter charakterisiert werden. Rosegger schrieb einmal: „Aller Weisheit höchste ist die Güte!", und Stifter sagte in einem Brief: „Reichtum, Ansehen, Macht, alles ist unbedeutend und nichtig gegen die Größe des Herzens – das Herz allein ist das einzige Kleinod auf der Welt!"

In Linz wirkte Jungmair in gleicher Weise weiter. Im „Volksboten", dem Organ des oberösterreichischen Volksbildungsvereines, erschienen von ihm zahlreiche volkskundliche und kunstgeschichtliche Beiträge. Hier konnte er auch die Ergebnisse seiner Forschung über Anton von Spaun, den Begründer der oberösterreichischen Volks- und Heimatkunde, publizieren. Seine „Hoamatmeß" wurde hier zum ersten Male gedruckt.

Jungmair, dem stets Gütigen, der nie geheischt, nie gefordert, sondern immer nur gegeben hat, blieben Schicksalsschläge nicht erspart. Als Soldat des Ersten

Weltkrieges schwer erkrankt, entging er nur wie durch ein Wunder dem Tode. In den Dreißigerjahren mußte er auch das Gespenst der Arbeitslosigkeit kennenlernen. In dem Sog der politischen Ereignisse gab es Verdächtigungen gegen ihn mit Polizeihaft. 1938 erwies sich alles als haltlos. Aber er wanderte auch 1939 ins KZ. Nach einem Jahr Sachsenhausen hatte er 50 kg seines Körpergewichtes verloren. Aber nicht genug damit. Er mußte noch zusätzlich zwei Jahre in Dachau verbringen. Nach einer bedingten Haftentlassung, der Liebe und Obhut seiner Gattin übergeben, war eine seelische und körperliche Genesung möglich. Aber noch einmal wurde er samt seiner Frau, die all seine Leiden geduldig mittrug, die sein Denken und sein Tun von Anbeginn verfolgt hatte und helfend bei seinen Arbeiten zur Seite gestanden war, schwer geprüft. Im Jahre 1943 nahm ihm der Tod innerhalb einer Woche die beiden Kinder. Es gehört zum Wesen unseres Jubilars als Mensch und Dichter, daß er in allem nur das Gute sieht. Selbst in seiner Verzweiflung um den Tod der Kinder begehrt er nicht auf gegen Gott und die Welt, sondern er legt seinen Schmerz in ein ergreifendes Gedicht:

Dös hätst net toan solln, Himmövadá –
Was brichst in Mai schan 's junge Lebm
Und hast eahn wiar á guatá Vadá
Doh so vül Gabm fürs Lebm mitgebm!

Mein oanzigá Bua, so zukunftfreudi,
Mein blüahfrisch's Dirnderl, liab und fein,
Dö warn für d' Ärnt doh nuh net zeidi –
Sag, Vadá, hat das müaßn sein! –

Du hast wia mit án' schwár'n Hammer,
Der Eisn z'mült, áfs Herz hergschlagn,
Daß ih net dengá kan voar Jammer
Und – wia betäubt – net fragn und klagn. –

Oft schau ih zruck mein Wanderstraßn:
Vü(l) Not und Load, weng Glück und Segn –
Doh han ih – gleih ván' Glück válassn –
Da olleweil nuh „Ja" sagn mögn.

Doh hiazt dástickt mih frei dá Hadá –:
Schau her áf mih –: olls kalt und láá(r) –
Dös hätst net toan solln, Himmövadá,
Hiazt wird má's „Ja" sagn bitterschwá(r)! –

Nach dem Zusammenbruch gab es für Jungmair keinen Gedanken an Haß und Vergeltung. Das Schicksal hatte schwer mit ihm gehaust, aber die Wunden der Zeit sind mit seinem Zutun und durch seine Güte vernarbt. Unverdrossen wandte er sich nunmehr der Arbeit zu, und jetzt kam seine große Zeit des Sammelns, des Ordnens und Zusammentragens, aber auch des Neu-Schöpferischen. Freilich, es war nicht ein Rausch der Freiheit, dem er sich hingeben konnte. Eine selbst den bescheidensten Bedürfnissen ungenügende Wohnung erwies sich als neuer Hemmschuh. In der kleinen Küche, die als einziger Raum seiner Wohnung bei der damaligen Kriegsnot geheizt werden konnte, arbeitete Jungmair an dem umfassenden Werk „Wörterbuch der oberösterreichischen Mundarten". Durch seine intensiven privaten germanistischen und volkskundlichen Studien, an den Vorbildern Grimm, Weinhold, Riehl und Geramb gereift, war es ihm möglich gewesen, in der Zeit der Arbeitslosigkeit reiche Früchte einzubringen.

Wenn wir uns der Würdigung seines dichterischen Werkes zuwenden, so wollen wir mit der Mundartdichtung beginnen, in die sein Wort von Kindheit an organisch hineingewachsen ist. Es ist eine echte Dichtung. Seine Fügungen werden nicht, wie es vielfach geschieht, hochdeutsch gedacht und in die Mundart übersetzt, er denkt und fühlt vielmehr in der Mundart und findet daher das gemäße Wort.

„D' Hoamatmeß". Ein ungewöhnliches Unternehmen, ein Messeliedtext in Mundart! Am 18. Mai 1930 wurde sie unter der Stabführung Franz Neuhofers, der sie vertont hatte, bei der „Riedmark-Feier" auf Schloß Riedeck erstmalig aufgeführt. Sie erlebte weitere glanzvolle Aufführungen, darunter auch im Beethoven-Saal der Wiener Hofburg im Beisein des Bundespräsidenten und hoher geistlicher Würdenträger, bis sie Bischof Fließer von Linz im Jahre 1936 auch für ländliche liturgische Aufführungen freigab.

1953 erscheint eine Gedichtsammlung unter dem Titel „Stoan und Stern". Die Berufensten bescheinigen hier wie dort echtes Dichtertum, „Volkstümliche Ausdrucks-, Denk- und Fühlweise,... Reichtum an Gemüt und Wärme des Empfindens und Reichtum an künstlerischen Formen" (Enzinger).*

11 Legenden als Verserzählungen brachte Jungmair 1954 unter dem Titel „Legenden in oberösterreichischer Mundart" heraus. Hier erweist sich der Dichter als Pionier in der Behandlung religiöser Stoffe durch die Mundart. Es ist eine hohe Kunst, das Religiöse in der Sprache des Volkes sagbar zu machen, ohne daß eines das andere in seiner Eigenständigkeit verletzt.

Jungmairs Liebe zum Mittelhochdeutschen, schon in Steyr geweckt und gefördert, findet ihren künstlerischen Niederschlag in der Dramatisierung der ersten Dorfgeschichte der deutschen Literatur, des „Meier Helmbrecht" von Wernher dem Gärtner. Unser Dichter nennt dieses packende Volksstück, in den Versen des mittelhochdeutschen Originals abgefaßt und in unsere Mundart über-

---

* 1969 erschien ein weiterer Gedichtband „Allerhand Kreuzköpf aus'n Landl".

153

tragen, „Das Spiel vom Helmbrechtmoar". Es erlebte über 60 begeistert aufgenommene Aufführungen.

50 volkstümliche Lieder und Sprüche Walthers von der Vogelweide, in die oberösterreichische Mundart gesetzt, faßt Jungmair in dem Bande „Unta da Lind'n" (1964) zusammen. Auch hier ist es ihm gelungen, Inhalt, Sprache und Metrik des Vogelweiders vollendet zu übertragen, was zahlreiche begeisterte Stimmen der fachlichen Germanistik hervorheben.

„Stille Nacht", ein Spiel von der Entstehung des Weihnachtsliedes, hat in seiner Einfachheit viele Zuhörer ergriffen, sei es bei festlichen Anlässen oder ausgestrahlt durch den Linzer Sender, wo es von Liedern der Wiener Sängerknaben umrahmt wurde. In Jungmairs hochdeutschen Versdichtungen finden wir so manche Perle. Hier seien vor allem genannt der Brucknerzyklus „Non confundar", eine großartige sprachliche Nachempfindung der Brucknerschen Klangwelt, dargebracht 1936 als Jahresgabe des Badischen Brucknerbundes in Karlsruhe. „Deutsche Klangwelt" nennt Jungmair seine Apotheose über die deutschen Meister der Tonkunst, und es gelingt ihm hier, Wesen und Werk von Bach, Mozart, Schubert, Beethoven und Bruckner in knappe dichterische Formen zu bannen und nachzuempfinden.

Unbestritten ist die Kunst der sprachlichen Erfassung, wie Ernst Burgstaller sagt, „jeder Einzelheit kreatürlicher Formen" in den schriftdeutschen Versen „Die Sprache des toten Antlitzes" (vor den Totenmasken Adalbert Stifters und Anton Bruckners).

„Das Traumlied Olaf Aastesons", ein Skaldenlied aus dem 13. Jh., dem Altnorwegischen nachgedichtet, ist bereits in seiner Bedeutung erkannt worden. Felix Braun hat es in seine berühmte Sammlung „Die Lyra des Orpheus" aufgenommen. Der Rundfunk hat es wiederholt ausgestrahlt.

Abschließend möchte ich noch über den Forscher und Wissenschafter Jungmair sprechen. Wir weisen aus der Fülle der Veröffentlichungen vor allem auf die Anton-von-Spaun-Forschung und auf die landeskundlichen Schriften hin. Jungmair hat sich ferner mit Arbeiten über bildende Künstler, Dichter und Schriftsteller, über Volksbildner und Heimatforscher, über heimatliche Komponisten und Mundartdichter Verdienste erworben, die nicht hoch genug hervorgehoben werden können. Es ist uns in diesem Rahmen nur möglich, einzelne Abschnitte und Namen herauszugreifen. Bildende Künstler: Adler, Dachauer, Diller, Hayd, Reisenbichler, Weidinger, Schwind, Furthner. Dichter und Schriftsteller: Billinger, Fischer-Colbrie, Kernstock, Keim, Rosegger, Lienhard, Hieß, Wilk, Watzinger, Ginzkey, Spann-Reinsch. Mundartdichter: Schosser, Misson, Bacher, Goldbacher, Mayer-Freinberg, Stelzhamer, Hanrieder. Stifterforscher: Hüller, Hein und Wilhelm. Weit über die Grenzen unseres Landes aber reicht seine umfassende Arbeit auf dem Gebiete der Stifter-Forschung.

Was Prof. Jungmair in der Stifter-Forschung geleistet hat, wäre, allein genommen, schon ein beachtliches Lebenswerk. Seine Mitarbeit an der historisch-kritischen Prager Gesamtausgabe der Werke Stifters ist in dem Dankeswort des Herausgebers, Gustav Wilhelm, für immer festgehalten und gewürdigt. Jungmair brachte hiezu die Auswertung der oberösterreichischen Archive für die letzten Bände von Stifters Briefwechsel, der kulturpolitischen Schriften im XIV. und der pädagogischen Schriften im XVI. Band, ferner Berichtigungen und Ergänzungen zu den Briefbänden I–V im Bd. XXII. Jungmair entdeckte die Fälschungen in Stifters Malererbe; er meisterte die schwierige Aufgabe der ersten zeitlichen Reihung der Gemälde Stifters, außerdem leitete er die Aufstellung der Stifter-Gemäldesammlung in der „Albertina", Wien. Es war von den ersten Stifter-Arbeiten an Jungmairs Bestreben, aus den Linzer Archiven die vielfach noch unerforschten biographischen Quellen zu erschließen, um verläßliche Grundlagen zu schaffen, über die auch phantasiereiche, abwegige Deutungen nicht hinwegkommen können.

Ein unvergängliches Verdienst erwarb sich Jungmair durch die Bearbeitung der ersten, 1903 erschienenen Stifter-Biographie von Alois Raimund Hein, die von ihm in der 1952 herausgebrachten zweibändigen Neuauflage ergänzt und aus der Wirrnis der Fehlmeinungen auf den neuesten Stand der Forschung gebracht wurde. Neben anderen Geistesgrößen haben keine geringeren als Hermann Hesse, Thomas Mann und Albert Schweitzer ihrer Begeisterung über diese Tat in Dankesbriefen Ausdruck verliehen. Mit seinen Arbeiten, von denen hier nur „Adalbert Stifters Wirksamkeit im OÖ. Landesmuseum", „Adalbert Stifters Wirksamkeit im OÖ. Kunstverein", ferner „Adalbert Stifter und die Gründung der OÖ. Landesgalerie" genannt seien, hat Jungmair einen bislang wenig beachteten Teil von Stifters umfassender Arbeit in Oberösterreich in das Licht der Forschung gerückt.

In dem groß angelegten Aufsatz „Adalbert Stifters Freundeskreis in Linz" läßt er das geistige Milieu des Dichters in dessen Wahlheimat wiedererstehen.

Die Broschüre „Adalbert Stifters Linzer Wohnung" ist eine wichtige kultur- und literarhistorische Dokumentation, bis zu deren Erscheinen nicht bekannt war, welche Wohnung in dem Hause Untere Donaulände 1313 tatsächlich die Bleibe unseres Dichters war.

Ein unentbehrlicher, verläßlicher Wegweiser für jeden, der sich mit der Wirksamkeit Stifters als Dichter, Pädagoge, Denkmalpfleger, Maler, Kunstkritiker, politischer Schriftsteller, und darüber hinaus mit der Kulturgeschichte von Linz in der Mitte des vorigen Jahrhunderts beschäftigt, ist auch das Buch „Adalbert Stifters Linzer Jahre", das als Standardwerk der Stifterforschung bezeichnet werden kann.

Ein großes Anliegen war und ist unserem Jubilar die denkmalpflegerische Tätigkeit Stifters, über die, wie bereits eingangs erwähnt, ein großes Werk in Vorbereitung ist.* Daß heute Stifter auch als Pädagoge eine Würdigung findet, ist zunächst auf die Vorarbeiten Otto Jungmairs zurückzuführen. Seine Schrift „Adalbert Stifter und die Schulreform in Oberösterreich nach 1848" ist eine bahnbrechende Arbeit zur Erhellung der Bedeutung Stifters als Schulmann, darüber hinaus eine unentbehrliche Grundlage für die Geschichte der Pädagogik unseres Landes.

Mit der Stifter-Forschung verbunden, und über sie hinausreichend, laufen die Arbeiten über Anton von Spaun und daneben über das oberösterr. Kunstleben im neunzehnten Jahrhundert in einer erstmaligen Überschau.

Jungmair hat zahlreichen Studenten, Verlagen und Forschern zu jeder Zeit geholfen, und er tut es bis heute. Seine auf oft mühevollem Quellenstudium fußenden Erkenntnisse stellt er jedem, besonders aber dem Stifter-Institut Linz, uneigennützig zur Verfügung. Die Forschung benutzt seine Arbeiten oft und gerne. Es macht ihm auch nichts aus, wenn sich da und dort einer mit Jungmairs Federn schmückt, ohne die Quellen anzugeben. Er ist immer da, wenn er gebraucht wird, immer der Sache, der Forschung zugetan und aus innerer Berufung verpflichtet.

Es ist eine reiche Ernte, die Du, verehrter Herr Professor, eingebracht hast. Deine Gaben an die Umwelt sind groß; was Du empfangen an irdischen Gütern, ist gering.

Du hast sie auch nie gefordert. Ein schöpferischer Einfall, ein Gedicht, das Dir gelungen, eine Quelle, die Du als Forscher erschließen konntest, hat Dir jeweils mehr Glückseligkeit eingebracht als irgendein irdisches Gut. Da sind wir nun alle angetreten, um Dir heute unsere Herzensbotschaft zu sagen, aber nicht nur Dir, sondern auch Deiner Gattin, die Dir überallhin eine treue Begleiterin war und ist.

Ich glaube, abschließend einen Gleichgestimmten reden lassen zu dürfen. Es ist der Arzt und Dichter Ernst Freiherr von Feuchtersleben:

> Ein Album ist des Menschen reines Leben
> Das aufbewahrt in Gottes Händen bleibt.
> Ein leeres Blatt wird jeglichem gegeben,
> Und jeder ist nur, was er darauf schreibt.

---

* 1973, ein Jahr vor dem Tode Jungmairs, erschien sein letztes Buch: Otto Jungmair, Adalbert Stifter als Denkmalpfleger, Schriftenreihe des Adalbert-Stifter-Institutes des Landes Oberösterreich. Herausgeber Dr. phil. Alois Großschopf, Folge 28, Linz 1973.

Auszug aus der Bibliographie:*

Stoan und Stern.
Gedichte in oberösterreichischer Mundart, Ried, Linz 1953.

Untá dá Lind'n.
Gedichte Walthers von der Vogelweide in o.ö. Mundart, Ried, Linz 1964.

Legenden in o.ö. Mundart,
Linz 1959.

Das Spiel vom Helmbrecht-Moar.
In: Lebendiges Wort, hg. von Johannes Hauer, Wels 1959.

D'Hoamátmeß. Mundartlicher Messeliedtext. In: Otto Jungmair,
Legenden in o.ö. Mundart, Linz 1959.

Wunden und Wunder,
Ried, Linz 1963.

Allerhand Kreuzköpf aus'n Landl.
Heitere Mundartgedichte. Ried, Linz 1969.

Jungmair, Otto und Albrecht Etz:
Wörterbuch zur oberösterreichischen Volksmundart.
In: Aus dá Hoamát, Bd. 33, Linz 1978.

Arbeiten über Adalbert Stifter:

Adalbert Stifter als Schulmann.
In: Alpenländische Monatshefte, Graz 1925, S. 417–428.

Adalbert Stifters Leben und Werk.
In: Linzer Volksblatt, Nr. 192, Linz 1928.

---

* Zitiert nach Barbara Huber, Der oberösterreichische Mundartdichter Otto Jungmair. Leben, Werk und Sprache. Diplomarbeit zur
Erlangung eines Magisters der Philosophie der Phil. Fak. d. Univ. Wien. Wien. 1985.

Adalbert Stifters letzte Lebenszeit.
  Zum 60. Todestag des Dichters. In: Oberösterreichische Tageszeitung,
  Nr. 24, Linz 1928.

Adalbert Stifter und die bildende Kunst.
  In: Der getreue Eckhart, Jg. 5, Heft 9, Wien 1928, S. 769–775.

Peter Rosegger und Adalbert Stifter.
  In: Roseggers Heimgarten, Jg. 52, 1928, S. 229–233.

Adalbert-Stifter-Denkmal in Friedberg.
  In: Linzer Tagespost, Nr. 197, Linz 1928.

Adalbert Stifter und die Volksschule in Oberösterreich.
  In: Zeitschrift des oberösterreichischen Landeslehrervereins, Heft 1, 1922.

Adalbert Stifters Freundeskreis in Linz.
  In: Heimatland. Illustr. Wochenschrift. Beilage zum Linzer Volksblatt,
  Nr. 44, Linz 1930, S. 694.

Adalbert Stifter und die Gründung der oberösterreichischen Landesgalerie.
  In: Alpenländische Monatshefte, Heft 5, Graz 1930/31, S. 298 ff.

Adalbert Stifters Wirksamkeit im Oberösterreichischen Kunstverein.
  In: Otto Jungmair: Oberösterreichisches Kunstleben 1851 bis 1931. Geleit-
  buch des Oberösterreichischen Kunstvereins anläßlich seines achtzigjährigen
  Bestandes, Linz 1931.

Stifter als Schulmann und Volkserzieher.
  In: Quelle, Jg. 21, Hamburg 1931, S. 143– 150.

Stifter als Volksbildner.
  In: Der Volksbote. Zeitschrift des oberösterreichischen Volksbildungs-
  vereines, Jg. 43, Linz 1932, S. 102–108.

Adalbert Stifter als Politiker.
  In: Alpenländische Monatshefte, Jg. 11, Graz 1934, S. 358–361.

Anton Ritter von Spaun und die Anfänge
  öffentlicher Kunstpflege in Oberösterreich.
  In: Amtliche Linzer Zeitung, 1949.

Aus der geistigen Bewegung der Romantik in Linz und Oberösterreich.
Zu Anton Spauns 100. Todestag, 26. Juni 1949. In: Jahrbuch der Stadt
Linz, 1949/50.

Aus Anton Spauns Schriften.
In: Der Volksbote, Nr. 4, Linz 1935, S. 109–115.

A. Stifters Erstdrucke in Almanachen und Zeitschriften.
In: Antiquariat, Jg. 7, Nr. 21–24, Wien 1951, S. 72–77.

Alois Hein und seine große Stifter-Biographie.
Zu seinem 100. Geburtstag. In: Das Antiquariat, Jg. 8, Nr. 19/20,
Wien 1952, S. 374–376.

Adalbert Stifter und das Linzer Landestheater.
In: Tagespost, Linz 24. Oktober 1953.

Adalbert Stifters Wirksamkeit im Oberösterreichischen Landesmuseum.
In: Oberösterreichische Heimatblätter, Jg. 8, 1954, S. 163–181.

Adalbert Stifters Freundeskreis in Linz,
Graz 1955.

Fünf Jahre Adalbert-Stifter-Institut des Landes Oberösterreich.
In: Oberösterreichisches Heimatblatt, Jg. 9, Linz 1955, S. 70–71.

Zu meinem Buch „Adalbert Stifters Linzer Jahre".
In: Linzer Volksblatt, Nr. 93, Linz 1955.

Gustav Wilhelm. Ein Lebensbild.
In: Schriftenreihe des Adalbert-Stifter-Institutes des Landes
Oberösterreich, Linz 1956.

Um Eichendorff und Stifter.
In: Der neue Bund, Jg. 6, Heft 4, 1957, S. 172–176.

Adalbert Stifter als Urheber der Ausgrabungen von Lauriacum.
In: Oberösterr. Nachrichten, Linz 12. November 1957.

A. Stifter und die Schulreform in Oberösterreich nach 1848.
In: Histor. Jahrbuch der Stadt Linz, Linz 1957, S. 241–320.

Adalbert Stifters Linzer Wohnung.
Erinnerungsgabe zum 90. Todestag Adalbert Stifters. In: Schriftenreihe
des Adalbert-Stifter-Institutes des Landes Oberösterreich, Folge 10,
Linz 1958.

Adalbert Stifters Linzer Jahre.
Ein Kalendarium, Graz 1958.

Eine Reise in den Böhmerwald 1961.
In: OÖ. Nachrichten, Linz 17. Februar 1962.

Dissertationen über Stifter.
In: Oberösterreichische Heimatblätter, Jg. 6, Heft 4, Linz 1952, S. 671–674.

Der Nestor der Adalbert-Stifter-Forschung zum Ableben von Franz Hüller.
In: Linzer Volksblatt, Jg. 99, Nr. 270, Linz 1967.

Die Entstehung von A. Stifters Meisternovelle „Bergkristall".
In: Oberösterr. Heimatblätter, Jg. 22, Heft 3/4, Linz 1968, S. 3–6.

Die Offenbarung des Kefermarkter Altars.
In: Alpenländische Monatshefte, Heft 3, Graz 1926/27, S. 129–145.

Das geistige Linz vor hundert Jahren.
Zur Erinnerung an Anton von Spaun.
In: Der Oberösterreicher, Linz 1949, S. 6.

A. Stifter als Denkmalpfleger.
In: Schriftenreihe des Adalbert-Stifter-Institutes des Landes
Oberösterreich, Folge 22, Linz 1973.